赫黑醫生的50個故事處方

◆ 全球暢銷千萬心理諮商經典 ◆

用故事對症人生最糾結難解的課題

DÉJAME QUE TE CUENTE

赫黑・布卡依 Jorge Bucay 著　葉淑吟 譯

目錄

推薦序——勇於冒險、創造空間的赫黑醫生

十二月天的布宜諾斯艾利斯，那是個艷陽高照的正午，我跟赫黑約好見面。跟往常一樣，我們會一塊去吃頓飯，但那次的目的卻不同——是為了道別。

已經是好久之前的事了。那時我固定往返西班牙與阿根廷，主要配合一些週末的案子，直到後來基於對格納那達的熱愛，我下定決心定居在這裡。因為這份熱忱，我們在一邊聊天，一邊大啖中國菜之餘，互道珍重再見。用完午餐、聊完天，我們點了咖啡，然後……繼續聊天。接著，我們去散步，吃冰淇淋，又聊了更多事情，漫步了一段更長的路。

黃昏降臨，我們緊緊擁抱對方，互道再見。我的手裡握著赫黑的第一本書——《給克勞蒂亞的信》。帶著那本書，就好像擁有了赫黑的一部分。而那本書至今還陪伴在我的身邊，儘管早已破損不堪，而且經過不斷重複的翻閱，仍舊擺在我診所的辦公桌上。

我們常常一起散步過的路，還有長時間一起工作的情景，都埋藏在過去的回憶裡。時光

流逝，我的診所也在格納那達落地生根。有一天，我提筆寫了封信給赫黑：「挑個週末，我想邀請你來這裡跟我一起工作。」我立即收到了他的回覆：一個放大且熱情的「好」字，就像赫黑的性格一樣。從那時開始，每年定期有一兩次，赫黑醫師會飛過來拜訪我，並且捎來一起工作的喜悅。

藉由往返西班牙的旅行，我的病人們先是認識了他這個人，接著是他的書……在我的要求下，有一天，赫黑在行李裡塞了幾本《赫黑醫生的50個故事處方》樣書，結果知道我們手裡有這幾本書的病人跟朋友們，把樣書都給拿光了。讀了這些書的人，開始把書借給自己的朋友們，而那些朋友又推薦給他們的朋友……就這樣，漸漸有人詢問在哪裡、有什麼方法可以買到這本書。因此，我向赫黑建議，必須將此書在西班牙發行的迫切性。

這就是他在西班牙闖出知名度、而你們手上正握著他的作品的來龍去脈。他的見解跟所講述的故事，對你我都極具幫助且富有啟發性，也十分美麗動人。其中，我最偏愛的一篇故事是〈用來飛翔的翅膀〉。故事中，父親說，「想要盡情翱翔，就需要創造一個足以伸展雙翅的遼闊空間……想要盡情翱翔，就必須開始冒險。」

赫黑知道如何為心靈創造一個足夠的空間，承擔所有必要的冒險。除此之外，他的背上還有一對神奇且寬大的羽翼。

——本文作者為西班牙知名心理治療師　胡麗亞・亞塔那斯索布羅（Julia Atanassopulo）

1 被困住的大象——當你感到無能為力時

「我做不到。」我對他說，「我真的做不到！」

「你真這麼想？」他問我。

「是！」我確實想好好坐下來，一股腦兒對他說出我的感受……可是我知道，我做不到。

診療室裡，肥仔像一尊菩薩那樣，盤著腿坐在那張藍色的醜沙發上。他露出一抹微笑，直視我的眼睛，放低音量，臉上迫切的神情，就像非常渴望別人好好聽他說話那樣。他對我說：

「我給你講個故事……」

我還來不及答應，赫黑便自顧自地說了起來……

✦鎖住大象的心靈木樁

小時候，我迷死馬戲團了。我最喜歡裡面那些表演節目的動物，其中，有一頭大象特別引起我的注意。後來我才知道，原來其他的孩子也都很喜歡大象！表演時，這個龐然大物以牠的噸位、體積和超乎想像的力量，成為全場矚目的焦點。然而，從表演結束，到再度返回舞台之間的短暫空檔，這頭大象一直被鎖在一根小木樁旁，那根木樁連著鐵鍊，綁住牠的一條腿。

那是一根很小很小的木樁，插在僅有幾公分深的地板裡。即使上面的鐵鍊看起來又粗又堅韌，但我很清楚，大象的力量足以將整棵樹連根拔起！如果牠想要掙脫，是一件再容易不過的事。

這件事讓我百思不解。

到底是什麼困住了牠？

牠為什麼喪失了逃走的念頭？

當時我才五、六歲大，對於大人的智慧深信不疑。所以，我向老師、爸媽和叔叔伯伯提出了這個問題。有些人跟我解釋，說大象已經被馴服了，所以不會逃跑。

我清楚記得當時我反問，「哦？如果牠真的被馴服了，為什麼還要銬上腳鍊？」

我不記得有誰回答了問題。久而久之，我忘了大象和木樁的事，只在偶然有人提起相同的問題時，才又回想起來。

幾年前，我有幸遇到一位很有智慧的人，他幫助我找到了答案：

馬戲團大象之所以沒有逃走的念頭，是因為被木樁給困住了。而那根木樁，就跟大象還是一頭稚嫩的小象時，拿來困住牠的木樁沒有兩樣。

我閉上雙眼，想像一頭毫無自衛能力的小象被鍊在一根木樁旁。我確信當時小象一定拼了命地推擠拉扯，想要擺脱束縛。然而不管牠再怎麼努力，終究徒勞無功，因為那根木樁對牠來説實在是太牢固了。

我可以想像牠在筋疲力竭之後累到睡著了，第二天再度嘗試。隔了一天繼續嘗試，一天又一天……直到某一天，也就是牠生命中最可怕的那天到來，這個小傢伙終於接受了自己無能為力的事實，於是向命運低頭。

我們在馬戲團裡看到的那頭大象，身形龐碩且力大無窮，卻一副可憐兮兮的模樣。牠不逃跑，就因為牠認定自己逃不掉。

幼時經歷的無力感深深烙印在牠的記憶中。更糟的是，此後牠再也沒有認真去質疑過那個記憶。牠再也沒有重新去測試自己的勇氣……

「事情就是這樣，戴密安。我們多少都有點像那頭馬戲團的大象。這世上有數不清的木樁束縛著我們，限制了我們的自由。

「活在這世上，我們以為對許多事情『無能為力』，然而，那只不過是因為在很久之前，當我們年紀還小時，某個初次的嘗試讓我們體驗到挫敗的滋味。

「我們跟那時候的小象一樣，把這個想法深深地烙印在記憶裡：喔，我做不到的，現在做不到，以後也做不到。

「我們帶著這個想法長大，自我箝制，從此不再嘗試將自己從木樁的陰影裡解放出來。

「有時，我們也會感覺到鎖鍊的存在，輕輕扯動它們發出鏗鏘的聲響。我們瞄了一眼那根木樁，心想，既然我現在辦不到，以後同樣也辦不到。」

故事說完，赫黑沒有任何動作，過了好一會兒，他才將身體挪到我面前的地板上：「戴密安，這就是你現在的處境。你受制於一個早已不存在、深感無力的戴密安記憶裡。想知道你到底能不能做到，唯一的辦法就是再試一次。你得竭盡你的所能……全力以赴。」

2 公約數——問題出在我身上嗎？

第一次去赫黑的診療所，我早已耳聞他不同於一般的傳統心理治療師。克勞蒂亞向我推薦赫黑這位醫師，並且告訴我，「肥仔」——她這麼叫他——是個很特別的傢伙！

我已經對傳統療法感到厭倦，尤其是得花上好幾月的時間，無聊地躺在心理治療師的長沙發椅上，簡直一點幫助也沒有。於是我打了電話去預約。

初次的印象遠超過原先的想像。那是個炙熱的十一月下午（別忘了，阿根廷位於南半球），我早到了五分鐘，於是站在大門口一直等到約定的時間。

四點半整，我按下了門鈴。對講機響起，我推開門，爬上九樓。

我站在走廊上等候。

等了又等，等到不耐煩，於是我又按了一次門鈴。

那個來幫我開門的傢伙，乍看下一副正準備外出野餐的打扮：牛仔褲、網球鞋，還有刺眼的橘色汗衫。

「你好！」他對我說。我必須承認，他的微笑讓我心安不少。

「你好！」我回答：「我是戴密安。」

「我知道。你怎麼啦？為什麼這麼久才爬上來？該不是迷路了吧？」

「才不是，我早就上來了。只是不想按門鈴，以免造成不必要的困擾。我怕你正在招呼別人。」

「造成不必要的困擾？」他模仿我的說法，關切地搖搖頭。然後喃喃自語般繼續道，「所以你覺得來看診，會對我造成困擾……」

我啞口無言。

那是他說的第二句話。沒錯，他說得有幾分道理，我不該那麼想。只是……他真討厭！

赫黑接待病人的地方，我不敢稱之為「診間」，那裡的環境如同他的個人風格，不拘形式、亂七八糟、毫無秩序、熱情洋溢、色彩繽紛、令人咋舌，甚至有點髒亂。我們面對面坐在兩張沙發椅上，當我娓娓道出心事，赫黑悠閒地啜飲著他的馬黛茶。沒錯，整個療程他一直喝著馬黛茶。

他說要給我一杯馬黛茶：

「好啊。」我說。

「好什麼？」

「馬黛茶可以。」

「我聽不懂。」

「我接受，我想來一杯馬黛茶。」

赫黑揶揄地對我行了個僕人禮，開口說，「承蒙大人願意接受我的馬黛茶……拜託你幫幫忙，直接說要喝，或是不要？」

這傢伙快把我逼瘋了。

「我要喝！」我答應道。

這時肥仔才遞給了我一杯馬黛茶。

我決定再多待一會兒。

我說了一些事，還提到自己心裡肯定有什麼毛病，因為我的人際關係出現了障礙。

赫黑問我說，怎麼知道毛病是出在自己身上？

我回答，在家裡我跟爸爸、媽媽、哥哥，還有女朋友都處不來……所以問題顯然出在我的身上。那時，赫黑第一次跟我講起「一些故事」。

久而久之，我漸漸了解肥仔喜歡童話、寓言、故事、警句和傳神的比喻。他認為要了解一件從未親身經歷的事，唯一的方法，就是從心裡建立起一個清楚的象徵性概況。「童話、故事或趣聞軼事，」赫黑聲稱，「它們更容易被人記住，比起千百篇的理論解釋、精神分析和正統方法，有用一百倍。」

那天，赫黑說我的身上可能有什麼東西失去了協調，又補充說，我對自己的質疑很危險，因為我的自責行為並沒有任何事實依據。所以，他用第一人稱說了一個故事。雖然我一直無從得知那是否出自他的經歷，或者，只是他隨口編出來的故事。

✦喝醉酒的公約數

我的祖父酷愛杯中物。

他最愛喝的是土耳其茴香酒。

他喝茴香酒的時候，都會加水稀釋，好降低酒精的濃度。

但照樣喝醉。

所以他改喝攙了水的威士忌，結果還是喝醉。

然後，他又改喝攙了水的葡萄酒，竟然又醉了！

直到有一天，他決定解決醉酒這個困擾。

他決定放棄……攙水！

3 胸脯或奶水——我真正依賴的是什麼？

你渴望知識
渴望成長
渴望學習
渴望飛翔……

赫黑並非在每次的療程中都會講故事，然而出於某種原因，在為期一年半的療程中，他說的每個故事幾乎都令我印象深刻。或許他說得有理，這是最有效的學習方式。

記得有一天我告訴他，我覺得自己依賴心很重，我對此深感困擾，卻又無法捨棄每次進行療程時從他那裡獲得的東西。我覺得我對赫黑的敬愛，使得我太著迷於他的言論和觀點，並且過度地依戀這個治療。

情況可能是這樣，
目前，
我就像提供奶水的胸脯，
能安撫你的飢渴……
你現在似乎渴望胸脯，
我覺得難以置信，
因為別忘了
養育你的並非胸脯……
而是奶水！

4 迴力磚——如何化解怒氣？

那一天我簡直氣炸了！脾氣壞到極點，看什麼都覺得礙眼。我在整個療程中所表現的態度也很討人厭，而且情緒低落。我對自己所做的事和所擁有的一切都感到厭惡，尤其怨恨我自己。就像赫黑說給我聽的一則有關帕皮尼（Papini）的故事，那天，我真的對「當自己」這件事感到無法忍受。

「我是個笨蛋。」我自言自語，「一個大笨蛋，我討厭自己！」

「在這個診間裡有兩個人，其中一半的人討厭你；而剩下的那一半，想講個故事給你聽。」赫黑說。

✦迴力磚

從前有個男人，他無論走到哪裡，手裡總是拿著一塊磚頭。他暗自下定決心，只要有人惹惱他，他就要用磚頭當做武器朝那個人砸過去。這聽起來有點野蠻，但不失為一個有用的方法，不是嗎？

事情經過是這樣的：男人遇到一個態度蠻橫的朋友，這個朋友講話的態度簡直惡劣到令人不敢恭維！男子決定順著自己的心意，抓起磚頭就朝那個人砸過去。

到底有沒有砸中，我記不清了。但重點是，事後男人還得找回他的磚頭，這樣實在不太方便。於是，他決定研發一個「磚頭自動防禦系統」——那是男人自己取的名字——為了方便帶出門，他在磚頭上綁了一條一公尺長的繩子。經過改良，讓磚頭不會飛得太遠。但是男人很快地發現，這個新方法也有缺點：首先，磚頭的攻擊範圍只有一公尺那麼遠，再者，磚頭擲出後，還是得花力氣將繩子給拉回來。此外，這條繩子老是捲曲糾結成一團，非常麻煩。

於是，男子又發明了「新一代磚頭系統」。這個系統還是以磚頭為主角，但改用彈簧來代替繩子。男子盤算著，這樣磚頭就可以反覆地被拋擲出去，還能自動回到他的手上。

這天，男子來到街上，一遇見有人挑釁他，便倏地擲出了磚頭。結果事情出了差錯，這次磚頭沒有像預期般那樣精準地擊中目標，卻被彈簧給反彈了回來，正巧打中了男子的頭！

他又試了一次，但這次算錯了距離，結果磚頭再度砸回他自己頭上。

第三次擲出磚頭時，他錯估了時間。

第四次又發生不同的失誤，因為擲出磚頭時，他得同時防禦敵人對他發出攻擊，所以磚頭再度砸回了自己的頭上。

連番出錯後，男子已經把自己搞得滿頭包。

他一直想不透，為什麼磚頭無法如願打中他想要攻擊的目標？是因為手法不對，還是精神狀態不佳？每次的攻擊，總是回彈到自己身上。

「這個防衛機制稱作『回射』，基本上是為了讓他人不致於遭受到我們無端的侵略。只要我們一產生攻擊的欲望，想要去傷害別人時，我們自己身上那股具有侵略性跟敵意的怒氣就會戛然而止，並且形成一種障礙，以阻止自己的行為。然而，這種障礙並沒有辦法化解怒氣所產生的衝擊，只是加以反射。因此，所有的憤怒、侵略、暴戾之氣，最後全都會反過來傷害到我們自己，透過自殘行為（自我傷害、暴飲暴食、吸食毒品、無意義的冒險），甚至有時候透過偽裝的感覺或情緒（意志消沉、自責、身心失調）表現出來。

「在理想的狀況下，一個頭腦清楚、性情穩定的人或許從來不發脾氣。當然啦，能做到不發脾氣確實很了不起。但事實是，一旦我們感覺到憤怒、怨恨或倦怠，想要擺脫這種狀態，唯一的辦法就是進行疏導，化為行動，將這些負面情緒好好地宣洩出來。否則，我們遲早會把氣出在自己的身上。」

5 戒指的價值——誰能決定我的價值？

我們討論過，每個人都需要得到別人的認同和重視。赫黑向我解釋了馬斯洛（Maslow）的需求層次理論。每個人都需要獲得別人的尊重，才能建立自尊。

那段日子裡，我抱怨著無法被父母全然接納，無法成為朋友圈裡最受歡迎的人，也無法從工作中獲得更多的肯定。

「有個古老的故事……」肥仔說著說著，遞來了一杯馬黛茶，「是關於一個小伙子去尋求智者的協助。你遇到的問題，讓我再度想起故事裡那個小伙子的困擾。」

◆ 戒指到底值幾枚金幣？

「師父，我來找你，是因為我覺得自己沒辦法做好任何事。每個人提到我，都認為我一無是處，什麼都做不好。他們還說我遲鈍，笨到了極點。我該怎麼改進？怎麼做才能提升我在別人眼中的價值？」

師父沒有抬頭看他，兀自開口：「年輕人，很抱歉，我沒辦法幫你。因為我必須先解決自己的問題，或許等會兒再說吧……」他停頓了一下，「呃，如果你肯先幫我個忙，那麼我的問題很快就能獲得解決。或許到時候，我就能回頭過來幫你了。」

「師父，我……我非常樂意！」小伙子支支吾吾地回答，同時再度感到自己不太受到重視，因為自己的需求被擺在了後面。

「好吧，那這樣，」師父說著摘下了戴在左手小指的一枚戒指，交給小伙子：「外頭有一匹馬，你騎著牠上市集去。為了還債，我只能變賣掉這枚戒指了。你要盡可能賣到一個好價錢，千萬不能少於一枚金幣喔！快上路吧，盡快把金幣帶回來。」

小伙子收下戒指出門去了。一抵達市集，他迫不及待向商人們兜售起戒指。大家興沖沖地估量著戒指的價值，直到小伙子說出他心目中想賣的價錢。

當他說出這枚戒指要賣一枚金幣時，有人爆出大笑，有人猛搖頭，只有一位還算親切的老人不嫌麻煩地跟他解釋，這個戒指根本不值一枚金幣！最後，有個好心人士出面，願意出價一枚銀幣，再加上一隻銅甕，來換這個戒指。

但是，小伙子很堅持原則，他謹尊師父的教誨，不願意接受少於一枚金幣的價格，因此拒絕了那個人的出價。

就這樣，小伙子繼續將戒指兜售給他在市集裡遇見的每一個人，現在，見過戒指的人已經有上百個了！最後他充滿了挫折感，只能騎馬打道回府。他多麼想帶回一枚金幣，好讓師父不再煩惱，而自己也能獲得師父的忠告跟協助。

他頹然地走進屋裡。

「師父！」他說，「很抱歉，我無法完成你託付的任務。這枚戒指或許可以換到兩三枚銀幣，但我無法欺騙別人，草率地虛報這枚戒指的價值。」

「年輕人，你剛才說的那句話很重要！首先，我們得弄清楚這枚戒指真正的價值。現在，你再騎馬出門一趟，去找個珠寶商問問。你說，在這天底下，還有誰比他們更懂珠寶呢？你去告訴珠寶商，就說你想賣掉戒指，問他願意出多少錢來收購。但是記住，不管他開價多少，千萬不可以賣掉喔。務必把戒指帶回來還給我。」

於是男孩重新騎上馬出了門。

珠寶商就著燭光細細檢視戒指，他先用放大鏡仔細地瞧，接著又小心翼翼地秤重，然後慎重對小伙子說，「年輕人，回去告訴你師父，如果他想立刻賣掉這個戒指，最多只能賣到五十八枚金幣。」

「五十八枚金幣!?」男孩驚呼。

「沒錯。」珠寶商回答：「我知道，如果時間不那麼急，其實是有機會賣到七十枚金幣的。但因為你急著脫手……」

小伙子按捺住激動的情緒，衝回了師父家，一五一十地說出剛剛發生的一切。

「過來坐下吧。」師父聽完後說，「你就像那枚戒指：一件珍貴且獨一無二的寶物。正因如此，也只有識貨的伯樂才能發掘你的潛在價值。所以，何必任憑隨便一個人來斷定自己真正的價值呢？」

說這句話的同時，師父重新把戒指套回了自己的手上。

6 躁狂的國王——如何做好情緒管理？

打開話匣子後，我意識到自己說話的速度飛快，而且感覺內心有一股情緒澎湃異常。和赫黑講話的同時，我腦海裡跑馬燈似的回顧起一整個星期以來發生過的所有事情。

就跟前幾次的經驗一樣，我覺得自己像個大獲全勝的超人，無比熱愛生命。我情不自禁地跟肥仔細數接下來好幾天的計畫，整個人充滿了活力。

肥仔露出開心的微笑，一副心照不宣的樣子。

一如往常，我總覺得他的精神與我同在，不管他實際上心情如何。能夠跟赫黑分享喜悅，就是讓我快樂的理由之一。一切都很順利，於是我繼續編織著計畫，彷彿就算活上兩個人生，也不夠我完成所有我想做的事情。

「要不要我跟你說個故事？」他說。

我承認要閉上嘴巴得花點力氣，但我勉為其難地點了點頭。

✦為宿疾所苦的國王

很久以前，有個很有權勢的國王統治著一個相當遙遠的國度。國王有副好心腸，但他有個問題——他有雙重人格。

某些日子裡，他起床後興高采烈、精神亢奮，整個人被喜悅給淹沒。一早開始，日子美妙到無以復加，宮殿裡的花園好像比平常更嬌豔了！在某種奇特氣氛的包圍下，僕人們的態度更為親切，辦事也更有效率。享用早餐時，國王稱讚國內生產的麵粉品質優良，收成的水果超級甜美。

在那幾天裡，國王會降低賦稅、分享財富、施予恩惠，制定保障和平的法律，照顧老人的福利；在那幾天裡，國王會答應朋友和臣民的一切請求。

然而，有些日子的情況則正好相反。

那些日子既陰鬱又黑暗。國王一大早就覺得自己需要多花點時間補眠，但當他這麼打算時，睡意早已消失無蹤。

他費盡心力，還是無法理解為什麼僕人們的表現糟透了，連基本的服侍工作都做不好；大晴天比下雨天還令人厭惡；飯菜不夠熱，咖啡也太涼；一想到整天都得在皇宮裡接待賓客，就讓他的頭痛更加劇烈。

那些天裡，國王思考著先前應允的承諾，一想到如何去實現就心顫不已。於是，國王開始提高賦稅，將土地充公，壓迫反對者……基於對未來的恐慌，加上糾結於過去的決策失誤，那幾天裡他會制定出不利於人民的法律，最常掛在嘴邊的一句話就是：「不行！」

國王察覺到自己因為情緒變化而引發的種種問題，於是召集了王國裡所有的智者、巫師和提供建言的大臣，舉辦了一場會議。

「各位先生！」國王對他們說，「想必大家都對我陰晴不定的情緒有所耳聞。當我心情愉快時，大家共蒙其惠，可是當我大發脾氣時，每個人便要遭殃。但是，這其中最受折磨的人莫過於我自己，因為我每天都得取消先前定下的政策，而這一切都源自於我那變化莫測的心境，讓我一再地改變看法。

「各位，我需要你們集思廣益幫我找到解決問題的方法，不管是用湯藥還是護身符，只要能讓我不再過度亢奮，忘記周遭潛伏的危機；也不會心情過度低落，以至於做出傻事，結果壓迫或傷害到我所愛的人。」

所有的智者都接下了挑戰，有好幾個星期的時間，大家拼命想辦法解決問題。然而，沒有任何法術、巫術、草藥能夠成為真正的解藥。為此，所有大臣一起覲見了國王，稟報這個任務失敗。

那晚，全國人民都傷心的哭了。

第二天一早，有位奇怪的訪客來求見國王。那是一位膚色黝黑的神秘男子，身上穿著一套已經磨損的破爛長袍，看得出來那件袍子曾經是白色的。

「陛下！」男子行了一個禮：「在我的故鄉，大家議論紛紛地談起您的病情跟苦痛。我來這裡就是要給您帶來一帖良藥。」

男子低下頭，呈給國王一個皮製的小盒子。

國王既驚喜又期待，迫不及待打了開盒子，翻找盒裡的東西。

他發現裡面只有一支銀戒指。

「謝謝！」國王熱切的說。「這是一支魔法戒指嗎？」

「的確。」那位旅人回答：「但是只有把戒指套在手指上，魔法才會生效。每天早晨起床時，您必須大聲唸出刻在戒指上的箴言，只要看到手上的戒指，就要牢記那句話。」

國王馬上拿起了戒指，大聲唸出：「你必定知道，這一切終將過去。」

7 奶油裡的青蛙——為什麼我得堅持下去？

最近有一堆考試要應付，我總共參加了兩科期末考和一科段考，而下個星期還有一科考試，但還有許多書沒念，怎樣也念不完。

「我過不了關。」我跟赫黑抱怨，「把精力花在一件注定失敗的事情上，簡直是浪費時間！我最好直接上陣，這樣就算考不及格，也不致於無端浪費一個星期來做白工。」

「你聽過兩隻青蛙的故事嗎？」肥仔問。

✦奶油裡的青蛙

很久以前，有兩隻青蛙掉進了裝滿奶油的桶子裡。

牠們發現自己迅速地往下沉，黏稠的奶油就像流沙一樣，讓牠們根本無法動彈，牠們沒辦法游泳，也漂浮不了太久。起初，兩隻青蛙不停的擺動四肢，想游到桶子的邊緣，但是徒勞無功！牠們只能在原地打轉，不停潑濺起奶油，接著又繼續下沉。牠們發現光是要浮到表面呼吸一口新鮮的空氣，簡直難如登天。

一隻青蛙大聲喊道，「我不行了！我根本沒辦法逃離這裡。在這個玩意兒裡完全沒辦法游泳！我就快死了，沒必要繼續痛苦的撐下去。我不懂，如果耗盡了力氣到頭來還是得活活悶死，那麼繼續掙扎到底有什麼意義！」

說完這句話，牠乾脆不再掙扎，因此很快地沉了下去，被濃稠的白色液體慢慢給吞噬殆盡。

另一隻青蛙堅持不懈，或許應該說比較頑固。牠對自己說，「沒別的法子了！想在這個東西裡前進根本一點辦法也沒有。但即便面臨死亡的威脅，我也寧願奮戰到底，直到嚥下最後一口氣。在死亡來臨前，我一刻也不想浪費。」

所以，這隻青蛙繼續待在同一個位置，奮力的踢動四肢，縱使沒挪動一丁點距離，就這樣硬撐了好幾個小時。沒想到，就在這隻青蛙不停踢腿、扭動屁股之後，桶子裡的奶油被攪拌又攪拌，竟然逐漸凝成了黃油。

青蛙大吃一驚，雙腿一躍奮力往前滑動，終於順利抵達了桶子邊緣。最後牠成功的跳出了桶外！終於可以回家了，牠一路快樂地呱呱叫。

8 判自己死刑的男子——我未戰先敗了嗎？

兩隻青蛙的故事讓我有所感悟。就像亞馬輝德（Almafuerte）那首詩所言：「即使被擊敗，也不要認輸。」

「或許吧。」肥仔回答，「然而在青蛙的故事裡，那種情況更像是在說：在你被擊敗**之前**，不要認輸。或者你可以說：在關鍵時刻到來之前，不要認為你已經輸了。因為……」

說到這裡，他給我講了另一個故事。

✦認為自己已死的男人

從前，有個男子對自己的病情惴惴不安，他尤其害怕即將面臨死亡的那天。

某天，又在胡思亂想的他突發奇想，他懷疑自己該不會早就已經死掉了吧？於是他開口問妻子：「親愛的，告訴我，我該不會已經死掉了吧？」

妻子笑了出來，叫他摸摸自己的手和腳。「看吧，都是溫熱的！也就是說，你還活得好好的！如果你不是活得好好的，早該手腳冰冷了。」

男子覺得她的話很有道理，放下了心中的大石頭。

幾個星期後，天外飄著大雪，男子到森林裡去砍柴。進了林子，他脫下手套，拿起斧頭開始奮力砍樹。不經意間，他抬手抹去額頭上的汗水，忽然注意到他的手是冰涼的！一時間他腦中冒出了妻子說的話。於是，他馬上脫掉了鞋襪，竟然發現連雙腳也同樣的冰冷！這令他相當害怕。

好吧，男子的心中確認無疑——他「發現」自己已經死掉了。

「一個死人在這兒遊蕩砍柴實在不妥。」他對自己說。因此，他將斧頭放在驢子旁，然後靜靜躺在冰凍的雪地上，雙手交叉擺在胸前，闔上了雙眼。

躺在地上沒多久，一群野狗緩緩靠近了地上裝滿乾糧的袋子。狗群一看沒人阻止，迅速撕開了乾糧袋，狼吞虎嚥地把裡頭的食物吃個精光。男子心想：「算牠們走運！如果不是我已經死了，早就賞牠們一頓拳打腳踢，將牠們趕跑了。」

這群野狗繼續嗅個不停，接著又發現了綁在大樹旁的驢子。毫無行動能力的驢子對一群齜牙咧嘴的野狗來說，簡直是易如反掌的囊中物。驢子大聲的嘶吼，拼命刨地抵抗。此時男子心裡暗忖，如果不是自己已經死掉了，他多麼想幫驢子一把。

幾分鐘後，野狗將那頭驢啃得一乾二淨，只剩下幾根骨頭。

貪得無饜又意猶未盡的野狗群仍在原地徘徊。

沒多久，一隻狗察覺到男子身上的氣味。牠抬起頭看看四周，發現這個男人動也不動地躺在地上。野狗放輕了動作，緩慢的靠近，因為對牠們來說，人類可是相當危險的動物啊。

很快地，所有的野狗都圍繞在男子四周，不停淌著口水。

「現在牠們準備吃掉我了。」男子想，「如果我還活著，事情就不會這樣發展了。」

這群野狗越靠越近，牠們見男子動也不動，毫無威脅性，便將他給活活吃掉了。

9 妓院看門人——這樣的人生才有前途？

就跟所有莘莘學子一樣，正在人生旅途上追求理想的我，重新安排起自己的讀書計畫。我跟心理治療師聊過這件事，發現長久以來我一直處於自我壓抑的狀態，以此逼迫自己讀書。

「那就是問題癥結所在。」肥仔說，「當你一直相信自己的路就是『必須』讀書、拿文憑，自然不可能用愉悅的心態來完成。而當最後僅存的一點快樂心情都失去，你的某部分人格就會開始捉弄你。」

赫黑一再強調，他不認同「刻意努力」這檔事。他總說，刻意努力不會產生好的結果。然而，我認為赫黑錯了，至少現有的教條是這麼認定的。

「赫黑，我不能就這麼放棄讀書。」我說，「如果沒有文憑，我不認為我可以在社會上成為一個有用的人。就某方面來說，一份職業就等於一種保障。」

「有可能。」肥仔回答，「你知道猶太法典《塔木德》嗎？」

「知道。」

「在《塔木德》裡有篇故事談到了一個平凡的男子，他是一個妓院看門人。」

✦妓院看門人

在這個村莊，再也沒有比「妓院看門人」這個身分更卑微、收入更微薄的工作……但是，男子還有什麼選擇？

事實上，他是個文盲，從來沒學過讀書寫字，也沒有其他的工作專長或嗜好。說真的，那份工作是注定屬於他的，因為那間妓院的前任看門人，正是男子的父親。而在更早之前，則是他的祖父。

幾十年來，妓院的經營由父親傳給兒子，而看門人的工作也不例外。

有一天，妓院的老主人去世了，一個野心勃勃、具有創意和膽量的新老闆繼承父業，決定革新妓院這門生意。他重新裝潢了所有的房間，然後逐一約見所有工作人員，交代新的工作守則。

新主人特別交代看門人一件事：「從今天開始，你除了負責站在大門口看守，每個星期還需要向我提交報告。報告裡要記錄每天有多少對男女進來消費，每隔五對男女，你就必須問他們服務品質如何，還有哪些地方需要改進……每週一次，你要整理適當的評語繳交給我。」

看門人害怕的發抖，以往對於這份工作，他從來不需要事先做準備。

「先生，我很願意達成您的交待……」他支支吾吾，「但是我……我不會讀書寫字。」

「喔，真遺憾！你應該能理解，我無法再僱用一個人來做這些額外的工作，也沒辦法等你學會讀書寫字，所以……」

「但是先生，您不能開除我呀！我的一輩子都奉獻在這裡，就像我的父親和祖父……」

新老闆沒等看門人講完，繼續說，「唉！我了解你想說什麼，但我實在幫不上忙。不過我會支付你遣散費，也就是說，我會給你一筆足夠的錢，支撐你找到下一份工作為止。所以，我只能跟你說聲抱歉了。祝你好運！」

新主人沒再多說什麼，轉身離去。

剎那間，看門人覺得這個世界要毀滅了！他從未想過會淪落到今天這種下場。回到家後，他生平第一次感到擔憂——「我能做什麼事呢？」

他想起以前在妓院擔任看門人時，有時候床壞了，或是衣櫃的櫃腳不穩，他總是能用榔頭跟鐵釘做點簡單的修補工作。他想，或許這可以當作過渡時期的一份工作，一直到找到新工作為止。

男子翻遍屋裡的角落想找些工具，結果只發現了幾根生鏽的鐵釘，還有一支缺角的鉗子。他必須花錢買一箱齊全的工具。只是這樣一來，就必須挪用部分的遣散費。

他注意到這個村裡沒有五金行，必須花上兩天的時間、騎著驢子到鄰近村莊去購買五金工具。「有沒有別的辦法呢？」男子想著，然後整裝上路。

回到家時，他手裡多了一個美觀又齊全的工具箱。還沒來得及脫掉靴子，有人敲開他家大門，那是男子的鄰居。

「我來問問，你有沒有榔頭可以借給我？」

「你看，我有一把，可是我得拿來謀生、討口飯吃……因為我失業了。」

「那好吧，明天一大早我就拿回來還你。」

「沒問題。」

隔天一早，鄰居按照約定來敲門。

「是這樣的，我還需要用到這把榔頭，要不，你乾脆把它賣給我算了？」

「不行，那可是我吃飯的傢伙！再說了，離這裡最近的五金行，騎驢過去至少也要花上兩天的時間。」

「那不如我們打個商量。」鄰居說，「我付你一趟來回四天的車馬費，外加榔頭的錢，反正你的工作也還沒有著落，怎麼樣？」

說實話，這樣一來，就等於這四天的時間有薪水可領！

男子接受了提議。

再次返家時，另外一個鄰居在他家大門口等著他。

「我的好鄰居，聽說你賣了一把榔頭給我們的朋友？」

「沒錯。」

「我也需要一些工具。我可以付你四天的車馬費，還有每件工具都額外加上一點利潤。你知道，不是每個人都有四天的閒功夫出遠門去採購。」

男子打開了工具箱，他的鄰居挑了一支鑷子、一把螺絲起子、一把榔頭和鑿子。鄰居付了錢給男子，然後離開。

「不是每個人都有四天的閒功夫出遠門去採購。」他想起鄰居的話。

如果真是這樣，那應該會有很多人需要他的服務——出遠門幫人採購物品。

接下來出遠門時，男子決定冒險一試，多花點錢採購一些先前賣掉的工具。這樣一來，可以順便節省時間，一舉兩得。

結果，住家附近的人們知道男子所提供的服務，很多鄰居決定以後不再出遠門了，直接請他代勞。

現在，男子已經成為了一名工具批發商，他每個星期出門一趟，為顧客採購物品。不久，他注意到，如果有地方可以儲放工具，就能減少出門的次數，還可以多賺一些錢。所以他花錢租下一個地方。

接下來，男子將倉庫的入口處拓寬，幾個星期後，他又設置了一個玻璃櫥窗，而倉庫變成了村裡的第一間五金行。

村裡每個人都很開心，紛紛光顧男子的商店。他再也不需要長途旅行——隔壁村莊的五金行會派人送貨過來，因為他是老主顧。

久而久之，就連一些偏遠村落的買家，都喜歡到他的店裡採購，以便省下兩天的旅程。

某天，一位車工朋友提議幫忙製作榔頭所需的鐵塊，而接下來……為什麼不試試生產鉗子、鑷子跟鑿子？然後是釘子和螺絲釘……

為了避免把故事拉得太長，我簡短告訴你，那個男子基於誠信和努力，在十年內變成一個工具製造商和百萬富翁，最後成為當地最具威信的企業家。

因為集權勢與財富於一身，有一天，男子決定蓋一所學校來回饋自己的村莊。這個學校除了教導讀書和寫字，也傳授當代實用美術與工藝。

部長和市長在學校舉辦了盛大的開幕慶祝會，以及一場重要的紀念晚餐會，特別要獻給學校的創辦人。

晚宴最後到了點心時間。市長將市鑰頒給男子，而部長給了他一個擁抱，並對他說，

「我懷著莫大的驕傲與感恩，在此請求您讓我們有這個榮幸，將您的簽名擺在新學校證書的首頁。」

「這真是我的榮幸！」男子說。「我很願意在那裡簽下自己的名字，但是我連讀寫都不會，我是個文盲。」

「您是文盲？」部長一臉無法置信，「您說您不會讀寫？不會讀寫，卻一手創立了一個企業王國？這太令人驚訝了！想想看，如果您懂得讀寫，那會闖出一番什麼樣的事業呢？」

「我可以回答您這個問題。」男子冷靜的說，「如果懂得讀寫……我現在就會是個妓院的看門人。」

10 小兩號的鞋——凡事不需勉強去努力

當天下午的話題已經定好了，我想繼續談有關「努力」這件事。

上回在診所裡討論的種種，在我聽來似乎都很有道理。但是，真正要將這些觀念付諸實行，我卻發現自己無法融會貫通那些聽起來非常可行的理論。

「我很確定自己不願虛擲光陰、一事無成，至少偶爾也要花些心思努力。還有，老實說，我不相信有人可以這樣浪費光陰。」

「你的看法在某些方面是有道理的。」肥仔說，「這二十年來的大部分時間，我試著忠於自己的信念，但也不是百分之百做得到，我相信大家的經驗都大同小異。捨棄努力這個觀念可說是一種挑戰、一種實踐、一種信念。正因如此，就必須多加練習。」

「剛開始，對於能否做到不刻意去努力，我也沒有多大的信心。」他繼續說，「如果我沒有去參加那個會議，別人會用什麼眼光看我？如果他們發言的內容對我一文不值，我因此沒有專心聆聽，那會怎麼樣？如果我對那些我並不欣賞的人，沒有表達出一點感謝之情？如果只因為不想讓步，而輕易回絕了別人的請求？如果一個星期只想工作四天，不願意賺更多的錢？如果滿臉鬍渣就出門跟大家聚會？如果不願意主動戒菸，而希望有一天能自然而然地停止吸菸呢？如果……」

「有一次我領悟到，這種『非得努力』的觀念是一種社會產物，屬於特定意識型態與思想體系的一部分，是對於人類身為群居動物所抱持極度悲觀的看法。大家都知道，如果有人遊手好閒、心術不正、自私自利、做事馬虎，就必須藉由努力來『改進』。但是，每個人都這麼做，就代表是一件正確的事嗎？」

我著迷的聽著赫黑說話，不光他的論調，我其實更嚮往他能夠悠閒度日，不必跟自己爭執，可以心平氣和、不疾不徐，不必老是質問自己：「你還杵在這裡幹什麼？」

但是，要從哪裡開始做起？

「首先……」赫黑繼續說道，好似看透了我的心思：「最重要的是，要先移除我們在幼年時期被設下的陷阱。這個陷阱就是深植心中的一種思維，既清楚又曖昧不明，那是我們文化的一部分：『唯有努力獲得的東西，才有價值。』

「就像美國人老是掛在嘴邊的，這是狗屁！任何人都能憑著自己對真相的感覺，知道這個觀念並不正確。可是，在我們建構自己的生活時，卻又把這個觀念奉為圭臬。好些年前，我發現了一種臨床症狀，雖然在醫學跟心理學文獻都找不到相關記載，但我們每個人都會罹患，或者是曾經罹患過。我決定稱它為『鞋子小兩號症候群』，我來告訴你這是怎麼一回事……」

◆鞋子小兩號症候群

有個男子進入一間鞋店，親切的店員上前招呼：

「先生，需要些什麼嗎？」

「我想要那雙展示在櫥窗裡的黑色運動鞋。」

「沒問題，我來看看……您需要的尺寸應該是四十一號，對不對？」

「不，請給我三十九號。」

「先生，不好意思。我賣鞋的經驗已經有二十年了，我看您應該穿四十一號才對，或許是四十號，但絕不可能是三十九號。」

「請你拿三十九號給我。」

「不好意思，可以讓我量量您的腳的尺寸嗎？」

「隨便你量，但我就是要三十九號的鞋。」

店員拿出一個奇怪的玩意兒，那是個用來測量腳長的工具。接著店員滿意地宣稱：

「看到了嗎？正如我所說，四十一號才對！」

「你說說看，到底誰是付錢的人？是你還是我？」

「是您。」

「很好，那麼你可不可以拿三十九號的鞋子給我？」

店員雖然遵從了客人的要求，卻覺得驚訝不解。他回頭去拿了一雙三十九號的鞋過來。途中，他想到可能的原因：這雙鞋子不是男子自己要穿的，肯定是要送給別人穿的禮物。

「先生，這是您要的，三十九號黑色鞋子。」

「能不能借我鞋拔？」

「您要試穿嗎？」

「當然囉！」

「這是您自己要穿的鞋？」

「沒錯！可不可以借我鞋拔？」

沒有鞋拔，他的腳肯定塞不進鞋裡。試了幾次，男子最後以極為滑稽的姿勢把整隻腳硬套進鞋裡。

男子一邊哀叫一邊嘀咕，在地毯上試走了幾步，明顯行動困難。

「沒錯，我就要這雙。」

店員光想到男子的腳趾頭在三十九號鞋子裡擠壓的樣子，感覺自己的腳都要痛了起來。

「需要包裝嗎？」

「謝謝，不用了，我直接穿出去。」

男子離開鞋店後勉強走了三個街區，回到工作的地方。他是銀行裡的出納員。

下午四點鐘，也就是將腳塞進那雙鞋子的六個多小時之後，他的表情痛苦不堪，眼睛紅腫，眼淚流個不停。

櫃檯的同事整個下午都在觀察他，並為男子的狀況擔憂不已。

「你怎麼啦？人不舒服？」

「沒事，都是鞋子在作怪。」

「鞋子怎麼了？」

「緊得不得了。」

「為什麼？是不是濕掉的關係？」

「不是，是因為鞋子小了兩號。」

「是誰的鞋子？」

「我的。」

「我不懂……你的腳不痛嗎？」

「痛啊，我快被折磨死了。」

「到底是怎麼一回事？」

「我跟你說……」男子嚥了下口水：「我對自己的生活很不滿意，事實上，最近這段時間我特別不開心。」

「所以呢？」

「這雙鞋快把我整慘了。沒錯，真的痛得要命……但是再過幾個小時我就可以回到家，然後把鞋子脫掉！你可以想像那種即將來臨的暢快感嗎？老兄，多快樂啊！多快樂啊！」

「聽起來很瘋狂，對不對？就是這樣，戴密安，就是這樣啊！

「在很大的程度上，這就是我們所奉行的教育準則。我認為我的主張代表了另一個極端，然而，就像試穿衣服一樣，這是一件值得去嘗試的事，看看到底什麼樣的觀念才適合我們。我個人相信，單單靠拼命的刻意努力，永遠無法完成真正有價值的事。」

離開診所時，我咀嚼著赫黑的話，粗俗卻有力：「那些想要拼命努力的念頭，就留給你便秘的時候吧。」

11 七號木工行——當別人不接受我的幫助時

「有些人笨手笨腳就算了，還不願意讓旁邊的人幫忙。」我大吐苦水。肥仔調整好坐姿，說起了一個故事……

◆七號木工行

那是一棟位於城郊的簡陋小屋，看起來破破爛爛的。屋子前半部隔成一小間工作室，擺放機器跟工具，另外還有兩個房間、一個廚房，後面是一間簡陋的浴室。

然而，住在小屋裡的華金先生不曾哀聲嘆氣。最近這兩年，「七號木工行」已經在村裡打響名號，他也有足夠的收入，不致於入不敷出。

那天早上，華金跟平時一樣，六點半起床準備出門欣賞日出。可是他那天卻無法如願到湖邊去，因為就在屋外兩百公尺的路邊，他差點被一個傷痕累累的年輕人給絆倒了。

華金迅速地跪下，把耳朵貼近年輕人的胸膛……在胸腔深處，心臟微弱的跳動著，奮力維持那副髒兮兮的身軀僅存的生命力。這個年輕人身上混合了血跡和酒氣。

華金趕緊找來了一輛推車，把年輕人抬到車上。回到家後，他將年輕人安置在床上，然後剪開他身上破損不堪的衣服，仔細用水和肥皂將他清理乾淨，最後不忘用酒精消毒。

這個年輕人除了爛醉如泥，看起來還被人狠狠地痛毆了一頓，他的雙手及背部佈滿傷痕，右腳還骨折。

接下來的兩天，華金廢寢忘食地照料這位不速之客，細心為他包紮傷口，幫他受傷的腳上夾板，還用湯匙餵雞湯給年輕人喝。

年輕人終於恢復意識時，華金正坐在他的身邊，以溫和又擔憂的眼光看著他。

「覺得好些了嗎？」華金問。

「應該……還好。」年輕人回答，同時看著自己被打理乾淨並包紮好的身體，「是誰幫我治療的？」

「是我。」

「為什麼你要這麼做？」

「因為你受傷了。」

「只是因為這樣？」

「不盡然啦，因為我需要一個幫手。」

接著，兩個人心領神會，開心大笑了起來……

吃好睡好，滴酒不沾，這個名叫馬奴爾的年輕人迅速恢復了體力。

華金試著將他的手藝傳授給馬努爾，然而，馬努爾卻想盡辦法逃避工作。一次又一次，華金試圖將一份正當職業所帶來的好處、良好名聲和誠信的生活，灌輸到那個因放蕩生活而思想偏差的腦袋瓜裡。一次又一次，馬努爾似乎了解華金的苦心，但幾個小時過後，他又故態復萌，去睡他的回籠覺，或者將華金交代的工作忘得一乾二淨。

幾個月的時間就這樣一溜煙過去，馬努爾完全康復了。華金將主臥室讓給年輕人，讓他參與生意，擁有浴室的優先使用權，以換來他盡心工作的保證。

有天晚上，在華金入睡後，馬努爾覺得戒酒六個月已經夠久了，到鎮上喝一杯應該無妨。但是他怕華金半夜醒來，所以他將房門反鎖，從窗戶爬了出去，而且讓蠟燭繼續燃著，製造出他人在家裡睡覺的假象。

喝下第一杯後就會有第二杯，然後是第三杯、第四杯，怎麼都停不下來……

當鳴著警笛的消防車從酒吧門前經過，他正跟一群貪戀杯中物的同好把酒高歌。他並沒有想太多，直到凌晨時分，他搖搖晃晃踱著步履回到家，看到一堆人聚集在巷子裡……

在這場火中殘留下來的，只有一面牆壁、機器和一些從火災中搶救出來的工具，其他東西都在大火中化為灰燼。當他們找到華金時，只剩下一副焦黑的骸骨。村民將華金葬在一座墓園，墓碑上刻的是馬奴爾許諾的墓誌銘：

我會做到的，華金，我會做到的！

馬努爾花了很多心血重建木工行。他雖然生性懶散卻頗有天份，而且從華金身上學得的技能，讓他將生意越做越大。他心裡總有個感覺，彷彿華金就站在某處注視並鼓勵著他。他在人生每個階段獲得成功時，都會想起華金——從婚禮、孩子的誕生，到添購第一輛車……

遠在五百公里外，還活蹦亂跳的華金心下躊躇。他自問：為了拯救那個年輕人，他欺騙了大家，用一把火狠狠地燒掉了小屋，這樣做是對的嗎？最後，他認為自己這麼做是對的，只是想到鎮上的警察竟然把豬骨和人骨給搞混了，不禁哈哈大笑。

華金新開張的木工行比之前的那間還要簡陋，但在鎮上逐漸小有名氣，店名就叫「八號」。

「戴密安，有時候你有心幫助所愛的人，卻遇到重重的阻礙。然而，如果擋在前面的障礙值得去跨越，那就想辦法去克服，努力完成你的目標。這非關道德責任，而是一種人生抉擇。每個人都應該挑選適當的時機，前往想要的方向。

「從我的閱歷跟經驗來看，我相信那些真正自由且有自知之明的人，都是寬宏大量、意志堅定、生性體貼，懂得給予、也懂得接受。因此，每當你遇到那些自私自利的人，千萬不要厭惡他們，因為他們本身就有一籮筐的問題了。每當自己變得吝嗇、卑劣或氣度狹窄，你要趁機問問自己到底怎麼了。我敢說，你一定也曾在某個地方迷失過方向。有一次我寫下這幾句話：

一個神經病患
不需要治療師的醫治，
也不需要神父的看顧。
他只需要一位導師，
指明他是在哪裡迷失方向……

12 佔有慾——我一定得跟別人分享所愛嗎？

我搞不懂自己是受了什麼刺激，在人生某個時期，我覺得既痛苦又迷茫。導火線肇始於我吃女友的醋，因為她寧可跟學校裡的死黨混在一塊兒，也要犧牲我們的約會。從那時起，我感到悵然若失，而且痛苦不已。

某次療程中，我和赫黑談到要撐過像這樣的失落感有多麼重要，只是在這些時刻，我的心情真的盪到谷底。

「我不明白，為什麼我非得跟她的朋友分享她，或者跟我朋友的伴侶分享朋友？好吧，這種話連自己聽了都覺得愚蠢。請幫幫我吧！你也說過的，我一直認為，只要是屬於我的東西，我就有權決定是否要跟別人分享，就算很不可理喻。畢竟那是我的東西，不是嗎？」

赫黑放下了茶壺，慢慢說了一個故事：

✦陽光下的美麗金塊

看見那個東西時，男子正心不在焉地在街上漫步。那是一大塊美麗的金子！陽光下的金塊色澤飽滿，閃爍著耀眼的亮光，看來就像史蒂芬·史匹柏電影裡出現的外太空物體。

他著迷的望著它好一會兒。

「這是誰的東西嗎？」他想。他四處張望，但附近沒瞧見半個人影。

他忍不住走向前，碰一碰那個金塊，觸感溫熱。

他用手指輕撫表面，那種柔滑的感覺跟它光亮美麗的外表給人的感覺全然契合。

「真想擁有這個東西啊。」他想。他輕輕將金塊抱在懷裡，開始往城郊的方向走去。

他臉上充滿了陶醉的神情，慢慢進入森林，朝一塊空地走去。

然後，就在那裡，在午後陽光的沐浴下，男子小心翼翼將金塊擺在草地上，坐下來凝視它。「這是我生平第一次完全擁有一個珍貴的物品，一個屬於自己的東西，只屬於我自己！」男子跟那個東西同時這樣想著。

「當我們擁有了某樣東西，我們便會成為那個東西的奴隸。戴密安，到底是誰擁有了誰呢？」

到底是誰擁有誰呢？

13 歌唱比賽——是什麼造成我們「吝嗇」？

我思索著赫黑在上次療程中說過的話。

離開診所後，那些話在我的腦袋裡轟隆作響：吝嗇、卑劣、自我、迷失……我的腦袋一團混亂，彷彿墜入五里霧中。所以當我回頭去接受治療時，就像赫黑說的，懷著「再明顯不過的意圖」，我想繼續討論那個話題。

「赫黑！」我開口，「你總是替『自我中心』做辯護，認為那只是一種清楚表達自我評價的方式，以及所謂的自戀也是可以理解的……然而，你有一回談到吝嗇，而我用你的笨方法去查了字典，我想知道許多在我腦中揮之不去的字串的意義。當然，我也查到了『吝嗇』這個詞。」

「然後呢？」

「『吝嗇』一詞的含義是：貪婪、悲慘、不幸、可憐。所以，你還希望我說什麼？對我來說，突然間，這些詞彙聽起來意思都一樣。」

「噢，讓我們來瞧瞧吧。」肥仔回答著，一邊翻開了《西班牙皇家學院辭典》，「這裡還加了註解：缺乏、不足、不完善。此外，字典裡也說明這個字源於阿拉伯文，取其發音密斯金（miskin），意思是貧窮。」

「也許，現在我們可以把字義解釋得明確一點。」他繼續說，「吝嗇，應該是指一個人缺乏、或是自認極度缺乏需要的東西；一個人需要某些自身所無法擁有的東西，以免陷入匱乏的狀態；一個人拒絕付出，是因為想把一切據為己有；一個悶悶不樂的可憐蟲，只在乎自身的欲求。」

赫黑停頓良久，彷彿努力搜索著記憶。而我已經正襟危坐，準備好聽他接下來要講的故事。

✦不願給票的歌唱大賽

有一次，一隻曾被囚禁、飼養過的貓頭鷹飛抵一座雨林。牠跟那裡的所有動物介紹人類的風俗習性。牠提到那些住在城市裡的人類，會利用各種競賽成績將藝術家分級，來挑選各類的佼佼者，像繪畫、素描、雕刻、唱歌……等。

不久，這種仿效人類習俗的風氣就像野火般在動物間迅速蔓延開來，或許就是在這股風潮的推波助瀾下，一場歌唱大賽籌組完成，幾乎所有的動物都立刻報名參加了，從紅雀到犀牛，參賽者眾多。貓頭鷹根據牠從城裡學來的經驗，宣布這場比賽將採不記名投票的方式，由所有參賽者來相互評分，這樣一來，每個人都可以成為評審。

比賽就這樣開始了。包括人類在內的所有動物，大家登上舞台高歌，然後接受觀眾的熱烈歡呼，或是稀稀落落的掌聲。比賽結束後，大家各自在小紙條上寫出覺得表現最好的參賽者，並將紙條投進一個由貓頭鷹看管的票箱。

開票那一刻來臨，貓頭鷹爬上了臨時搭建的舞台，由兩隻年邁的猴子從旁協助，牠打開票箱，開始計算票數。這次的票選活動標榜「透明的現場選舉」、「不記名的統一選舉」，以及「追求民主楷模」等標語，一如城裡常聽到的那些選舉口號。

一隻老猴子取出了第一張選票，在大家熱切的期待下，貓頭鷹驚呼：

「親愛的兄弟姊妹們，第一張票是投給我們的驢子朋友。」

台下掌聲七零八落，旋即陷入一陣靜默。

「第二張票：驢子！」全場目瞪口呆。

「第三張：驢子。」

在場的參賽者面面相覷，先是驚訝不解，然後紛紛露出責難的眼神。到了最後，投給驢子的票相繼開出，大家開始對自己投下的一票自責不已。

大家心知肚明，再也沒有比那隻像馬一樣的動物更難聽的�叫聲了！然而，一票接著一票，每種動物都將驢子推選為此次歌唱大賽的優勝者。

等到開票結束，依據「自由公正選舉」的裁定，驢子以五音不全的刺耳嗓音脫穎而出，被譽為「熱帶雨林及鄰近區域的最佳美聲」。

賽後，貓頭鷹解釋了整起事件的經過：每個參賽者都認為自己是理所當然的優勝者，所以都將票投給處於劣勢的參賽者——一個完全不具威脅性的參賽者。

最後，幾乎所有的投票者都有志一同——只有兩票不是投給了驢子——一張是驢子自己的票，牠認為自己沒什麼希望，便真心誠意地將票投給了百靈鳥。而另外一張是人類——為什麼不呢？於是人類投給了自己。

「好吧，戴密安。這些就是『吝嗇』在社會上製造出的事端。當我們覺得自己非常重要時，就沒有空間可以容納他人；當我們覺得自己值得一切時，我們的眼光就會變得狹隘；當我們想像自己實在太優秀了時，就無法接受那些得不到、卻很想獲得的一切。所以很多時候，虛榮、小氣、愚笨和膽怯會讓我們變得吝嗇，而不是自私。戴密安，是吝嗇。吝——嗇。」

14 那是什麼樣的治療方式？

這些日子以來，許多朋友紛紛問我在接受什麼樣的治療。當我告訴他們有關肥仔的事、並分享我的治療經驗時，大家都感到驚訝不已，他們無法將那樣的治療方式跟一般的其他種治療聯想在一起。何必否認呢？赫黑的治療，的確跟我以前所知道的類型完全不同。

就這樣，那天下午我抵達了診所，趁著心情還算穩定——就像肥仔所說的「符合標準狀態」——我開口詢問肥仔，這到底是一種什麼樣的療程。

「這是哪種療程？我怎麼知道？這算療程嗎？」肥仔回答我。

「真倒楣！」我心想，「這幾天赫黑的嘴巴挺緊的，想從他身上挖出答案，根本是白費工夫。」可是，我還是堅持打破砂鍋問到底。

「我是認真的！我很想知道。」

「為什麼？」

「為了增廣見聞。」

「知道這種療程是屬於哪一種類型，對你有幫助嗎？」

「我已經無法逃避療程了，不是嗎？」我直覺猜到他接下來的回答。

「逃避？為什麼你想逃避？」

「你看，我碰了一鼻子灰，問你也問不出個所以然。你心情不錯時，什麼都願意解釋；不然就連一個問題都無心回答，這不公平！」

「你在生氣嗎？」

「沒錯，我在生氣！」

「那你該拿生氣怎麼辦？對於這股憤怒，你想怎麼樣？你要讓這種感受一直發展下去嗎？」

「不，我想大聲吼叫，管他去死！」

「再叫一遍。」

「管他去死！」

「再說一遍，再說一遍。」

「管他去死！」

「繼續，你到底在咒罵誰啊？繼續。」

「管你去死！蠢肥仔！管你去死！」

正當我冷靜下來深呼吸、慢慢調整失控的情緒，肥仔默然不語地盯著我。幾分鐘後，他說，「戴密安，這就是我們正在進行的治療類型。一種為了了解你在每分鐘情緒變化的治療；一種為了撕開保護的面具，進而釋放出真實戴密安的治療。

「無論如何，這是絕無僅有、無法用言語形容的一種治療。因為它建立在獨一無二、且無法形容的雙人架構上——你跟我。在我們兩個人的認同下，目前的情況是對其中一方——也就是你的成長型態——投入更多的關注。

「這種療程的目的不在於治癒任何人，因為它只用來幫助那些有能力自我治癒的人。這是一種不期待能引起回應的治療，只是扮演著像催化劑的角色。總之，這是一種或早或晚、不管有沒有治療師協助，都必須經歷的過程。

「至少跟著治療師的引導，這種療程會越來越像是一種教學。而到了最後，這種療程會注重感覺多於思考，實踐多於計畫，改變多於擁有，現在多於過去或未來。」

「這就是問題的癥結：『現在！』」我回答。那就是我認為目前跟以往所接受的療程的差異所在——你強調的是現在的狀況。至於其他那些我認識或耳聞的治療師，都只對過去、動機，還有問題的根源感興趣，但是你壓根兒一點都不關心。但是，如果你不知道事情是從哪裡開始變得複雜，又怎麼能夠徹底解決問題？」

「好吧，為了長話短說，我先大概解釋一下，看是否可以讓你有點概念。在心理治療領域，據我所知有超過兩百五十種治療方式，多少都跟理念或態度有關。這些學派的意識型態、治療形式或關注的重點各自不同。但是，我認為它們終究殊途同歸，目的都是為了改善病患的生活品質。或許我們無法獲得共識的，是每個治療師對『改善病患生活品質』的定義。但是……無論如何，我們得繼續下去！

「根據每個心理治療類別所強調探索病患問題的方式，約有兩百五十種學派，可分為三大思想體系：第一種是專攻病患的過去；第二種是強調未來；而最後一種是──關注現在。

心理治療三類型

「第一種學派及其類似的分支不見得是主流，他們的主張是：精神官能患者會發病，導因於孩提時代所遭遇的問題，長大之後，患者便為這個狀況付出後遺症的代價。因此這個學派致力於重拾病患過去的回憶，直到找出引發症狀的根源。這類型的治療分析師認為，那些回憶被埋藏在潛意識，所以必須從內心挖掘出被深埋的點滴。

「這個療程較廣為人知，因為它是正統的心理分析。他的特點是，這個治療尋求的是『原因』。就我所見，很多分析師相信，只要找到症狀的起因，也就是說，如果病患能夠意識到自己為什麼這樣做，或發現到潛意識裡埋藏的過往，那麼所有的機能將會回歸正常。

「講到這些最為人熟知的學派，他們的心理分析就跟所有事情一樣都有優缺點。這一派主要的優點是，沒有其他治療（或者該說，我不認為還有其他治療）可以提供更深入的自我認識，以探討自我內心發展的過程。沒有其他治療能像佛洛伊德的技術一樣，讓人達到一定程度的自我認識。

「至於缺點，至少有兩個。首先是治療所需的時間實在太長，會讓人覺得疲累，而且一點都不划算。我指的不僅是金錢。有個分析師跟我談過，從接受療程開始，病人必須花掉約三分之一的壽期進行治療。另外，這種治療的療效也有所爭議。就我來看，我懷疑病患真的能達到足夠的自我認識，進而改變生命藍圖，改善病態想法，或找出前來求診的原因。

「另一個極端的學派，則主張將心理治療的重點放在對未來的改變。這些思想學派現在相當流行，大致來說，這個學派真正的問題是，病患必須捨棄原本的方式，改用完全不同的方式完成目標。因此，這個學派的目的不在於找出病患行為的動機，也不在於深入認識因折磨而受苦的病患，而將重點放在讓病人能達成他們所設定的目標，或是克服病患的恐懼，以完成他們想做的事，讓未來的生活變得更有意義，更能積極看待人生。

「這個思想學派以『行為治療』為主要代表，主張唯有透過實踐才能學習新的行為。不過，如果缺少外力的協助、支持和引導，病患恐怕很難有勇氣單獨完成。因此，最好由專業人士來協助，指導病患哪些行為才是恰當的，清楚告誡病患應採取的態度，並且在健康重整的過程中從旁協助。趕搭這股潮流的治療師所著重的點，不在於探討原因，而是如何獲得結果。換句話說，如何達成預定的目標。

「這個學派同樣有利有弊。首先引人注目的優點是，這種方法的效果讓人驚豔，而且完成療程的時間極短。一些美國的新行為主義者談到，治療時間約需要一到五次的療程。然而，在我看來，最明顯的缺點是，這種治療太過敷衍——病患終究無法清楚地認識自我，也無法探索內在，只能完全依賴治療師來解決某個特定的問題。我們雖然不能斷定這麼做的效果如何，但它確實無法提供充份的管道讓病患能夠真正地接觸自我，而這是非常重要的事。

「就歷史的角度來看，三大學派中最新的，莫過於第三種學派。它綜合了所有的心理治療學派的關注點，並將焦點著重於現在此刻。一般而言，這種治療不去刻意調查痛苦的根源，也不贊同透過行為來避免痛苦，而專注於了解此刻困擾病患的事物，以及病患為什麼處於這種狀況？

「你知道，這就是我採所用的方法，顯然也是我認為最有效的方式。可是我必須承認，這種方式同樣有優缺點。相較下，這種治療方式需要的時間不像心理分析那樣漫長，也不像行為治療那麼短暫，它會持續六個月到兩年，依我所見，它雖不像傳統的分析法那樣深入，但確實能產生相當程度的自我認識，並讓患者有能力利用自己的內在資源。

「另一方面，這個方法固然可以引導面對現實的過程，但也存在著風險，因為它可能鼓勵病患採取一種漫不在乎的態度，過於輕視一切，即使這種態度只持續一小段時間。雖然這與該學派所談的『現在』並不相干，但它當然有考慮到、甚至需要顧及過往的經歷和未來的生命藍圖。

「有個老掉牙的笑話，或許可以用來說明這三大學派的差異。我用一個簡單的故事來說明，這個故事開頭都一樣，但是我或許有這個榮幸來消遣一下這三大學派，讓你了解三種不同的治療效果。」

◆心理治療的三種類型

有個男子出現了排便失禁的症狀。他前去求診，醫生幫他檢查之後，發現他的身體並無任何異樣，也找不出病因，因此建議他去尋求心理治療師的協助。

第一種結局，看診的治療師是一位正統派的心理治療師……

五年後，男子遇見一個朋友。

「哈囉！療程還順利嗎？」

「好極了！」男子回答，神情愉悅。

「大便失禁問題解決了？」

「聽著，說到大便，我還是會失禁。但是，現在我終於找到原因了。」

第二種結局，他的治療師是一位行為主義者……

五天之後，男子遇見一個朋友。

「哈囉！療程還順利嗎？」

「很棒！」男子回答，神情愉悅。

「大便失禁問題解決了？」

「聽著，說到大便，我還是會失禁。但是，現在我試著穿塑膠內褲來改善。」

第三種結局裡，他的治療師隸屬於完形心理學派……

五個月之後，男子遇見一個朋友。

「哈囉！療程還順利嗎？」

「棒極了！」男子回答，神情愉悅。

「大便失禁問題解決了？」

「聽著，說到大便，我還是會失禁。但是現在我一點也不在乎了！」

「呃……這三套療程看下來也太恐怖了吧！」聽完故事，我試著辯駁。

「或許沒錯，但總而言之，這種恐懼感是真實的，如此真實，就像你今天的會診時間已經結束了。」

「……。」我很少會想這麼用力罵人！

15 被埋藏的寶藏——心理治療有效嗎？

上次的療程雖然不至於令我憂心，但也足夠讓我惶惶不安的了。那個可憐的男子無論最後落入哪位治療師手中，最終下場還是繼續大便失禁！這個故事令我不得不重新思考是否要繼續這樣的「治療」，因為我預感這一切過後，我不會繼續求診，也不想探究當初發病的原因，更不願淪落到使用塑膠內褲的地步，或是乾脆就不去在乎了。如果這就是持續投注時間跟金錢所換來的結果，那現在該是結束的時候。

「所以，肥仔，這已經不是哪個學派的問題了。現在我的問題是：繼續來這裡報到，到底有什麼意義？」

「很抱歉，我無法回答這個問題。因為，答案就在你自己身上。」

「我很迷惑，非常迷惑！直到上次療程為止，講到心理治療的療效我還信心滿滿，我是那種會到處介紹身邊的朋友去看心理醫師的人。但是忽然間，上次療程中你跟我談到了一個男子，他大便失禁、有惡習、抑鬱寡歡、瘋瘋癲癲，治療後的結果還是跟最初求診時一樣失禁、有惡習、悶悶不樂、精神失常……我不懂，這太讓人困惑了。」

「抗拒著不去困惑，是徒勞無功的。你對這個狀況感到困擾，是因為在你看來，你應該要對大局有個清楚的掌握，要對一切都有答案，應該這樣或應該那樣……戴密安，放鬆點！就像我說過的，完形心理學談到唯一的『應該』，是必須明白你不『應該』需要任何東西。」

「是沒錯！但是，我想即使沒有任何『應該』，還是有一些我需要知道、卻未曾擁有的答案。」

「要不要我來說個故事？」

比起以往，那一天我特別的洗耳恭聽。我知道赫黑的每一則故事、每一則寓言、甚至是每一則笑話，都能幫助我從迷霧中找到曙光。

✦埋藏的寶藏，不在他處

很久以前，克拉科夫城裡住著一位叫意斯的老人，他既仁慈又堅毅。連續幾個晚上他都夢見自己到布拉格去旅行，甚至來到河上的一座橋。夢裡，河邊的橋墩下方長著一棵枝葉繁茂的樹，他夢見自己在樹旁挖掘了一口井，還從井裡挖出了一堆寶物，餘生因此過得舒適又安逸。

起先，意斯沒有把這個夢放在心上。但是，接下來幾個禮拜，他都夢到同樣的情景，這讓他終於認為那應該是個靈訊，他可不能將上帝在夢裡託付的、或者是不知從哪裡來的有意義訊息置之不理。就這樣，他選擇相信直覺。他將行李捆在驢背上，前往布拉格展開了漫長的旅途。

經過六天的路程，老人終於抵達布拉格。他開始找尋城外河流上的那座橋。幸運的是，那裡的河流並不多，因此他很快就找到了目的地，整個場景都跟夢裡一模一樣！沒錯，河流、橋，河岸邊的橋下還有一棵樹，那正是他要去挖掘的地點。

只是，有件事跟夢裡不太一樣。那一座橋上，日夜都有國家守衛隊的士兵在駐守。

由於有士兵看守，意斯不敢貿然靠近去挖地，於是，他在離橋不遠處紮了營，耐心地等待。第二天晚上，士兵總算對這個鬼鬼祟祟、在橋邊紮營的老人起了疑心，於是過去訊問他。

老人無意找藉口搪塞，他如實告訴士兵，自己是從很遠的城市來的。他從夢裡知道布拉格有一座像這樣的橋墩，橋下還埋著寶物。

不料，駐守的士兵聽完後竟然哈哈大笑。

「為了一個愚蠢的夢，你大老遠的跑來這裡?!」士兵說，「從三年前開始，我就天天夢見克拉科夫城裡住著一個叫做意斯的老瘋子。他家廚房的地板下就埋著寶物。哈哈！你覺得我應該跑到克拉科夫去找那個叫做意斯的傢伙，然後把他家廚房挖得亂七八糟嗎？哈哈哈！」

聽完後，意斯默然無語。他若無其事地跟士兵道了謝，馬上啟程返家。一回到家，他立刻在廚房開挖，果真找到了一直埋藏在那裡的寶物。

說完這個故事，肥仔靜默了很長一段時間，直到大門電鈴響起，那是他下一位預約病患。赫黑傾身抱住我，在我的額頭上輕吻，然後送我起身離開。

我在心底重溫今天的療程。打從對話一開始，肥仔就透過故事告訴我他想要解釋的：「關於你的問題，我無法回答，因為答案就握在你自己手裡。」

我必須在自己身上找答案，而不是在赫黑、書本、治療或朋友身上。就在我的身上，只在我的身上！

就像意斯一樣，我想找的寶物就在這裡，而非在他處。

「而非在他處，」我一遍又一遍唸著，「而非在他處……」

於是我明白了，沒有人可以告訴我這個治療是否「有效」，只有我自己知道，而且這個答案只對我來說有用，也只在此時此刻有用。現在我知道了，我耗費了大半人生，就為了追尋一個可以明白指出我所有優缺點的人。過往我總是在別人眼裡找尋自己的樣子，然而這些過去老是往外尋尋覓覓的東西，其實就在我的心裡，就在我家廚房的地板下。

如今我領悟到，治療只不過是一項工具，幫助我能夠在正確的地方挖掘出埋藏已久的寶物。而所謂「心理治療師」不過就像那位士兵，我依照他的指示，聽他一次次告誡我該往哪兒去，並且不時耳提面命：往外尋找是多麼的愚蠢。

我的疑惑瞬間煙消雲散！就像意斯一樣，一想到寶物就在自己的身邊，從以前就在那兒，以後也不會消失……我的心情平靜多了，同時覺得自己好幸運！

16 為了一缸酒──「眾人皆醉我獨醒」有什麼用？

在那段求診的日子裡，彷彿每一次療程的內容都互有關連，就像一條鎖鍊那樣環環相扣。我欣喜若狂，不敢相信這些事情都是自己慢慢摸索出來的！

我學著用喜悅或悲傷的心情、大哭或大笑來體驗所有的新發現，我很滿意自己能夠比以前更接近內心的平和、精神的寧靜，也對自己的能力更有信心，達到所謂的「快樂」。

一切都順利無比。突然間，我腦海裡浮現一個念頭，如果世界上的人都繼續愚昧的過日子，而且不打算改變，那麼光靠我自己保持清醒是沒有用的。突然間，我充滿了無力感，而且開始生起悶氣來，憋著這樣的心情找不到出口。

雖然我可以忍受自己像個外星人──我**確實**有這種感覺──覺得自己跟別人非常不一樣！但就算這世上有一個人、十個或一百個人也能把事情看得透徹，又有什麼意義呢？對所有人來說，這根本無濟於事。

此時我想起了我的伯父羅貝多，他也接受過心理治療。據他說，治療過程很順利，效果好得不得了！但接受治療的幾個月後，他就告訴心理治療師：「你看，我的療程已經進行了十分之一。這幾個月來，因為這十分之一的療程，我跟身邊一半的人都出現了距離感，從前我可是對他們熟悉不已。按照這樣下去，當治療進行到十分之三，我的十個朋友中，可能就有九個人會離我而去了。事實上，如果最後的治療結果是跟「魯賓遜漂流記」一樣，我會落得一個人孤伶伶地活著，那麼我不認為心理健康還有什麼意義。謝謝你這幾個月來所做的一切，但是再見了！」

就這樣，那天就診時，我對治療行為提出了質疑，尤其針對心理治療師的工作。我不是指肥仔個人的工作，因為肥仔向來不按牌理出牌；我是針對心理治療師的這種工作，產生了強烈的不信任感。

「要成為一個可以執業的治療師，需要花上多久的時間？拿你來說好了，先不管基本國民教育，光在醫學院就花了六年時間，再來是五年的專業訓練，三年課程跟心理治療學習，十年的個人治療訓練，還有不知道多久的教學治療。根據你之前告訴我的，必須累積超過十年的職業生涯，才能完成臨床經驗的理論訓練。天哪！光是細數就累死人了。」

「我不知道你算這些的用意是什麼，但我想你應該知道，我的訓練還沒結束。這種訓練是不曾間斷的，而且還會一直持續下去。」

「好，這麼說吧。或許，這所有訓練的目的，就是能讓你在職業生涯中去幫助數百位病患，達到這個數目是有可能的對吧，因為每個療程不會拖很久。如果沒那麼多，那我們將數目降到二十個人好了……肥仔，你會發現這一點意義也沒有，從集體觀點來思考，你的這份工作根本就沒有意義。」

「就像你提到的，在我的長年研究跟準備中，有一部分的力氣，是花在閱讀他人所編寫的故事，或是聆聽、收集歷史上最富有大眾智慧的故事。接下來，我要告訴你一個故事，這個故事會對你碰上的疑惑提供一點幫助。」

✦每個人的想法都一樣

很久以前……有一個國王。

那是個小國家：烏維蘭帝亞公國。這個國家境內遍佈著葡萄園，所有老百姓都從事葡萄酒的釀造。藉由將葡萄酒出口到別的國家，住在烏維蘭帝亞的這一千五百戶家庭都有充裕的收入，可以安居樂業、支付稅金，以及花錢好好犒賞自己的辛勞。

多年前，國王開始研究起國家的財政。他為人公正、體恤人民，最不喜歡要求人民從口袋裡掏出錢來。於是，他費了很大力氣去研擬國家減稅的可行性。

直到有一天，國王想到了一個好點子。他決定取消賦稅制度。至於這個國家唯一的經費來源，就得靠每位民眾在封裝葡萄酒的季節來臨時，貢獻出自家所釀造、品質最好的一壺美酒，所有的人都必須將一公升的美酒倒進一個特別訂做的大木桶。國王盤算著，如果將這一萬五千公升的美酒賣掉，就會有一大筆收入，可以拿來支付預算、健檢費用，以及國民義務教育的經費。

草擬出這個計畫之後，所有城市的街道上都貼滿了告示，消息傳遍全國。人民的喜悅簡直無法用言語形容，家家戶戶都讚揚著國王的德政，人人引吭歌頌國王的榮耀，酒吧裡擠滿了舉杯慶祝的百姓，祝福仁慈的國王身體安康、長命百歲。

奉獻美酒的那天終於來臨，整整一個禮拜的時間，社區裡、市場上、廣場前、教堂裡，每個人都想起了約定，彼此提醒不要錯過這件大事，因為往後的安居樂業，就要靠國王的這個德政了！

從一大清早開始，全國各地就湧入了種植葡萄的農民，他們攜家帶眷，由家長帶頭，手提著一壺自己釀造的美酒。一個接一個，大家陸續爬上通往皇家大酒桶的長梯，把酒倒了進去，再沿著梯子下來。在梯子盡頭有一位出納員，將國王御印蓋在每位農人的領子上。

到了下午，當最後一位農人倒進自己奉獻的酒之後，整個活動圓滿落幕。一千五百公升容量的大酒桶已然裝滿。從第一人到最後一人，大家都準時地抵達了花園，把手中的酒倒入了木桶。

國王的神情既驕傲又滿足。太陽即將西下，大家聚集在皇宮對面的廣場，國王在一片歡呼聲中出現在陽台。在喜氣洋洋的眾人面前，他拿出一只美麗的祖傳玻璃杯，派人前去倒出一杯由大家貢獻出來的美酒。在酒杯臻滿之前，國王發表了感言：

「烏維蘭帝亞的人民們！如我所預期的，國境內的所有居民在今天都來到了皇宮。我想跟各位分享這份榮耀，因為人民對君主的忠貞，與君主愛護人民的熱誠，同樣值得肯定。再也沒有比飲用第一杯大家所貢獻出來的美酒更大的榮耀了，那應該是受到眾神祝福的瓊漿玉液，世界上最甜美的葡萄精華，由世界上最巧的手釀造，加入全國人民的善良，也就是——大家的愛。」

所有的人聽完都潸然淚下，為國王歡呼。

一位僕人將杯子端了過來。國王將酒杯高高舉起，為熱烈鼓掌的人民祝福。但出乎意料地，國王的手陡然地停在了半空中。當他高舉杯子時，他發現杯裡的液體透明而無味。然後，國王慢慢將杯子靠近鼻子，他有著行家的鼻子，能分辨出美酒的香氣——他終於確定，那液體一點味道也沒有！身為品酒專家，下一個直覺的動作就是把高腳杯靠近嘴邊，並且啜飲一口。

美酒沒有散發它應該有的酒香，一點也不像酒！

國王派人再去取來第二杯，然後再一杯，到最後，他親自到酒桶旁倒了一杯酒。但是都是一樣的——無色且無味。

所有的煉金術士都被緊急召喚來分析酒的成分，然而結果一致：酒桶內裝滿的都是水。純水，百分之百的水！

國王立即派人召集國內的智者與魔法師，希望儘速找出原因。是什麼符咒、化學變化或巫術，竟然將一桶美酒給化為了清水。

宮廷裡的一位年紀較長的部長靠近國王：「神蹟？符咒？煉金術？都不是的，陛下。所有的人民都是人哪！這就是原因。」

「我不懂。」國王回答。

「以璜安為例……」部長說，「璜安擁有一座從山邊延綿到河岸、面積廣闊的葡萄園。從他園裡採收的葡萄都是國內最好的品種，而他所釀的酒總是最先以高價銷售一空。

「今天早上，當他們全家準備到鎮上來的時候，他的腦袋閃過一個想法：如果我倒進去的是水而不是酒，有誰會注意到這件事？

「在一千五百公升的美酒裡摻雜了一壺水，根本沒有人會注意到。沒有人！

「只有一件事除外，大家都沒有想到。陛下，除了一件事……

「那就是，每個人的想法都一模一樣。」

17 長柄湯匙之國——如何學會獨處，也能與他人相伴？

赫黑是如何做到精準掌控療程的時間，並且適當地結束一個故事？他是怎麼辦到的？而且，他能讓我在療程結束之後的整個禮拜，都不停思索著某一個觀念。

有時候，這種感覺很棒，因為聽完故事後，我有漫長的七天可以好好回溯故事的內容，用自己的方式詮釋，沉浸在從故事中獲得的啟發。

但也有幾次，我無法立刻從那些故事中挖掘出一丁點的體悟，這令我懊惱不已，我就是參不透。

有些時候，我的反應特別笨拙，離開診所時，我試著找出肥仔故事中透露的訊息，結果往往變成這樣：下次回診，我會跟赫黑求證自己是否「猜中」了故事的真義，而且每一回肥仔的反應都一樣，他總是氣得直跳腳：

「我在故事裡想說什麼重要嗎？重要的是，這個故事是否對你起了作用，到底是如何地有用？這可不是什麼學校在上課，我也不會依據你有沒有猜中答案來打分數！王八蛋！我想說的、加上我已經說過的，那些就是我所要表達的全部。如果我想說的是別的什麼東西，我一定會從別的角度去講這個東西。戴密安，你老是問我這個問題，這樣的話，那些故事只能用來肯定你的自我，只會讓你的空虛更加沉重，你總是想著：『沒錯，我找出意義了；沒錯，我發現了；沒錯，我可以分析出故事的訊息了；沒錯，我是個笨蛋。』」

美酒變成清水的故事讓我感觸良多，第一個感覺是鬆了一口氣，我發現自己原來的設想是錯的。事實上，治療任務結束與否，並非掌握在我的手上，也不是在任何病患的手上。在此我引用肥仔所說的：「每個人在成長過程中的角色，可能是模仿者或引導者，由此引發的連鎖反應，都具有改變世界的力量。」

而一想到這裡，我發現了第二件事：有多少次，我或者其他像我這樣的人，沒有膽量去做某件事，是因為我們打從心底認為所有的嘗試都徒勞無功，勝算不大。就像故事裡提到的，如果我這麼做，又有誰會注意到？

如果我這樣做……

或許，這個世界上只有一個人跟我有著同樣的想法，也鼓起勇氣加入我的行動；又或許，這個人性格內斂得多，他只是表現出與眾不同的態度，而且進而願意去理解每個人都可以有不同的面貌。如果我願意展現出與平日完全不同的作為，經過一段時間，相信所有的事物都將為之改觀。

我發現這樣的事情天天上演——

人們逃稅，因為，有什麼差別嗎？
人們冷淡，因為，誰會在意呢？
人們不替別人著想，因為，大家都不想當傻瓜。
人們不懂自娛，因為，一個人大笑很滑稽。
人們在舞會裡不敢帶頭起舞，直到別人先行動……
我們不想當那個最笨的人，因為我們的時間並沒有比較多。

試想，如果我能忠於自己的內心，永遠待人真誠，那麼我展現出來的個性將會多麼的親切、熱情、仁慈和溫柔！

在接受療程的那段日子，我不斷跟赫黑談論到這些。一邊說，我的腦中一邊冒出一個想法：我自己是孤單一人，因為孤單而遭到他人的指點和訕笑……

「更糟的是，別人甚至已經懶得對我指指點點……」

「好些年前，」肥仔開口了，「我寫過一篇文章，我記得開頭是這樣：『母親的產道跟棺材，都是為著同一副身體而設計。』

「戴密安，這意味著我們出生跟死亡的時刻，都是形單影隻。就我的觀點來看，這個想法非常可怕，或許這也是我在成長過程中最難以克服的地方。

「但很幸運，我也發現，成長過程中還是有同伴相隨左右，無論是一面之緣，或者是相處了一陣子的同伴。之後我也遇上了兄弟姊妹、朋友、情人……他們都成為我一輩子的夥伴。」

「肥仔，你知道嗎？這讓我想起以前讀過有關同伴的一段話：『別走在我前面，因為我會追不上你；別走在我後面，因為我怕失去你；別走在我下面，因為我會踩傷你；別走在我上面，因為我得承受你的重量；請你走在我旁邊，因為我們是平等的。』」

「沒錯，戴密安，就是這個意思。你偶爾會發現沒有人能一路都陪伴著你，這很正常。同樣的，如果你知道這一路上還是有人相伴，人生旅途將會更加多采多姿。

「能夠發現自己是誰，知道自己是這樣地獨一無二、與眾不同，甚至與世界上的主流相去甚遠，都不意味著你必須離群索居，與世隔絕，或者你就必須自給自足。」

「聽你這麼說，那麼如果沒有他人的陪伴，豈不是就活不下去了？」

「這要看你怎麼想了。你是認為自己每一刻都必須這樣活？還是別人的每一刻都必定那樣活？」

◆長柄湯匙之國

有個男子一直在旅行，在漫長的一生中，他造訪過數百個真實跟幻想中的國家……其中，有一趟常常讓他回憶起的旅行，是短暫停留在「長柄湯匙之國」的時光。那次他湊巧抵達了這個國家的邊境，從烏蘭維地亞通往巴拉斯的路上，有一條狹小的岔路，可以到達這個奇異的國度。

男子愛好探險，於是踏上了那條路。蜿蜒小徑的盡頭矗立著一棟孤立的大房子。他靠近一瞧，注意到這棟房子是由兩棟樓組成——西廂房與東廂房。他停好車子，走近那棟建築物，發現大門上張貼著告示：

長柄湯匙之國（這個迷你國度只有兩個房間，稱為「黑」與「白」。若要暢遊本國，必須沿著長廊走到交叉口。想參觀黑房請往右轉，白房則往左轉。）

男子沿著長廊前進，命運讓他選擇了向右。那是另一條長約五十公尺的走廊，通往一扇巨門。男子才往前走了幾步，便聽到黑房裡傳來陣陣哀嚎和呻吟。

那一瞬間，那些痛苦的呼叫聲讓他卻步，但是男子仍決定繼續前進，他打開了門進去。舉目望去，裡面有數百個人圍坐在一個巨大的桌子旁，桌子中央擺滿了精緻佳餚，應有盡有。奇怪的是，即使大家手裡都握著一把可以搆著中央大盤子的長柄湯匙，但每個人看起來卻像因飢餓而垂死的樣子。這支湯匙的設計約手臂的兩倍長，每個人都將湯匙握在手裡，卻怎樣也無法將食物放進自己嘴裡。

那個場面可真是悽慘，哭喊聲更令人心碎。於是男子轉身逃出了那個房間。

他再次回到長廊叉口，這次他選擇往左，走向白房。走廊與盡頭的房門模樣跟之前的一模一樣。唯一的差別在於，走廊上聽不到任何呻吟或哭叫聲。到達門前，男子轉開了門鎖進入房間。

裡面也有數百人圍坐著，房間中央有一張跟黑房裡同樣的大桌子。桌子中央一樣擺滿了精緻的美食，大家手上也都握著一把長柄湯匙。不過，這裡沒有人呻吟哭叫，也沒有人飢腸轆轆，因為每個人都互相餵食，並且感到無比滿足。

男子臉上露出微笑，轉身離開了白房。當他聽見背後響起大門關上的喀啦聲，很奇妙的，他發現自己已經回到駕駛座，正驅車趕往巴拉斯的途中。

18 聾妻——誰是問題製造者？

那天，我一坐下就劈哩啪啦抱怨起來，我很清楚知道自己想討論些什麼——我跟女友之間的爭執。

「我覺得加布耶娜的腦袋有問題。」

「什麼有問題？」

「腦袋有問題……她簡直像隻山羊一樣，瘋瘋癲癲、坐立不安、冒冒失失的……」

「為什麼？」

「我們花了整個禮拜的時間在討論假期的安排，結果，在我女友父母的邀請下，我女友希望我們一起跟她父母到烏拉圭去度假一個月。但我不想去，我想留在阿根廷跟俱樂部的朋友待在一塊兒。我知道加布耶娜如果也能和我一起留在阿根廷，那整個假期一定精彩極了。但是，說到要去烏拉圭度假，她可是固執得很。

加布耶娜對每件事堅持到底的牛脾氣簡直讓我抓狂！我越是看她這樣，就越是跟著也固執起來。我已經沒辦法和她溝通了，我覺得她根本無法打開心扉聽聽別人的意見。」

「為什麼她比較想去烏拉圭？」

「沒什麼特別原因……或許只是突然異想天開！」

「她自己沒說是異想天開吧？她有說嗎？」

「沒有，她只說想去烏拉圭。」

「你沒問她原因？」

「當然有，但是我忘記她回答什麼蠢話了。」

「戴密安，告訴我。如果你不記得她的解釋，你怎麼能說那是蠢話？」

「因為加布耶娜一旦開始對某件事異想天開，她什麼鬼話都說得出來，毫無道理可言。她會完全不顧別人的想法，心裡只容得下自己的意見。」

「完全不顧你的想法。」

「沒錯。」

「例如，她還說你滿嘴蠢話，或者說你腦袋頑固。」

「對。」

「還說你是個異想天開的人。」

「對！她也說了這句話！你怎麼會知道……」

「昨天，我聽到一則笑話……」

✦聾妻

有個男子打電話給一位頗具權威的家庭醫師。

「理加多，是我，胡利安。」

「喔，哈囉！胡利安，你好嗎？」

「嗯……我打電話給你，是因為我很擔心瑪麗亞的狀況。」

「她怎麼了？」

「她就快要聽不見了。」

「嗯……耳聾不是一兩天造成的。這樣吧，你禮拜一帶她來門診，我幫她做個檢查。」

「但是，等到禮拜一會不會太遲了？」

「你怎麼發現她聽不見的？」

「因為……我怎麼叫她，她都沒有反應。」

「這樣啊，有可能是某個愚蠢的原因，像是耳朵裡塞了耳機。我們來做個實驗，測試一下她耳聾的程度好了。你人在哪裡？」

「我在臥室。」

「那她在哪？」

「在廚房。」

「好吧！你從臥房裡大聲地喊她。」

「瑪——麗——亞……不行，她聽不見！」

「嗯。現在你走到臥室門口，在走廊上叫她。」

「瑪——麗——亞……不行，沒用！」

「等等，先別失望。你先去換個無線電話，然後你直接過去喊她，看你走到哪裡，她才能聽得見你的叫聲。」

「瑪——麗——亞……瑪——麗——亞……瑪——麗——亞……一點用也沒！我已經走到廚房門口了，但她還是聽不見。瑪——麗——亞……她聽不見啊！」

「再靠近她一點。」

男子走進廚房，來到了瑪麗亞的身旁。他把手搭在妻子的肩膀上，然後在她耳邊大喊：「瑪——麗——亞……」

妻子突然非常生氣的轉身對男子說，「你要幹嘛？你要幹嘛？你要幹嘛？你到底要幹嘛……你已經喊了十幾次，我也一直回答『你要幹嘛』十幾次了！你怎麼搞的？一天比一天更聾了？真不知道你為什麼不乾脆去看醫生算了……」

「戴密安，這就是投射。當自己對別人的某件事感到困擾，最好記住（至少要這麼做！）你眼睛所見，往往也是自己的問題。

「好啦！繼續談談你剛剛的抱怨……你剛剛說，加布耶娜到底是怎麼異想天開的？」

19 麵粉和糖——別把事情混在一塊兒！

「加布耶娜老是抱怨我沒有把她介紹給我的那群朋友。她對於認識我的大學朋友總是興致勃勃的。我覺得很討厭！」

「那麼，你有介紹她給你的大學朋友認識嗎？」

「我可沒有故意把她藏起來！如果我們在街上或在派對上遇到認識的人，我一定會介紹他們認識。但是，她只是想進入我的生活圈罷了。」

「如果我沒誤解的話，這正是你不喜歡的。」

「嗯……看情況啦！」

「看什麼情況？」

「我怎麼知道？就是看情況嘛！如果是在很自然的情況下發生，那當然沒問題。但是太刻意就不行。」

「你在開玩笑嗎？什麼叫刻意的情況？如果是在學校辦的派對上，同學邀請你帶女友來參加，這樣算刻意嗎？」

「這樣當然算刻意呀！因為這個派對跟我女友一點關係也沒，那裡根本沒有人認識她呀！」

「戴密安，你這樣想可真是矛盾。我有個表弟，他在午餐跟晚餐前都會先吃個小點心，因為他無法忍受空著肚子吃飯。」

「我聽不出這件事跟我的問題有何相干。」

「嗯，看起來是毫無相關。你告訴我，你和朋友之間沒有多餘的空間給加布耶娜，因為他們不認識她。事實上，你也沒有給加布耶娜認識你朋友的機會吧？」

「這……」

「戴密安，能告訴我原因嗎？」

「因為朋友不一樣，而且……」

「為什麼？」

「因為加布耶娜……」

「為什麼？戴密安，為什麼？」

「為什麼？因為兩件事不能混在一塊兒呀！」

「什麼意思？」

「對，我就是不想把這兩者的關係搞混……而且，不要以為維持這個原則很容易。不光加布耶娜會生我的氣，事實上，我也跟同學起過爭執，因為他們也希望我帶女友去。沒有人理解為什麼我要每樣東西都保持它們的獨立性。但我的確認為：這件事就是這件事，而那件事是那件事。」

「可是，告訴我：這件事和那件事，還有其他的事，不都是你心裡的事？」

「沒錯，都是我心裡的事。但是對外，我可不希望全部混在一起。」

「為什麼你不希望混在一起？」

「肥仔，我不知道，反正我就是不希望混在一起。」

「這已經不是你第一次這樣做了，對不對？」

「什麼叫做不是第一次？」

「你有好幾次說過，你對於不想把事情混在一起感到很困擾。」

「喔！沒錯。我應該跟你提過，我不想把家人、朋友，還有俱樂部的同伴混在一起。」

「我覺得，你試著保留屬於自己的私人空間或許並沒有錯。但是，我也相信，把生命中的人事物劃分得一清二楚，讓他們永遠不產生交集，實在是一件很累人的事。有時候，這樣做甚至是危險的。」

「危險？為什麼？」

「因為，我覺得一旦設下了某種障礙與限制，別人就會開始對他們在你心中的地位感到懷疑，而且會向你要求分享你的東西，特別是那些看起來很重要的東西。」

「那是他們的問題，跟我無關。」

「話不要說得這麼滿！那可能是他們的問題，但你要知道，別人會覺得不滿、被排擠或受輕視，這就是風險。或許你就因為『不想把事情混在一塊兒』，最後傷害到身旁的人。因為設下了種種限制，你跟他們的關係毀於一旦。」

「我只對自己身旁的好友這麼做，因為他們確實是獨立不相干的。」

「戴密安！你還記得嗎？在你開始接受治療幾個月後，有一天，你口袋裡沒有一毛錢就出門上學，但你又不想跟父母伸手要錢。當時我隨手掏出錢來借你，想幫你度過難關，我說你可以下個月或有錢時再還我。對不對？」

「是啊。」

「你還記得接下來發生的事嗎？」

「記得。我不想收下你的錢。」

「你記得自己說了什麼嗎？」

「我已經忘了。」

「你說你很驚喜，很感激我，但是你『不想把事情混在一塊兒』。你忘記那句話了嗎？」

「嗯……但是你應該沒有感覺被輕視，或是受到排擠吧……」

「你確定嗎？」

「幾乎可以確定……」

「騙人！你對自己的話一點信心也沒有。」

「你看，跟你面對面時，我連報上自己的名字都沒有信心。」

「戴密安，我敢肯定，有時候你並不在乎是否對事情能夠清楚掌握。當你一片真誠地對人伸出援手，對方卻拒絕接受，只因為他很蠢、自尊過強，或者他根本不需要幫助……。但是，發生這種事時，你真的一點都開心不起來。這時你只會希望他從你的眼前消失。」

「沒錯。我知道了。」

「換個口味。我來說個故事吧！」

✦麵粉和糖

很久以前，一位主人有個相當笨拙的家僕。主人還不至於小心眼地開除這個僕人，但也沒好心到讓他什麼事都不用做。（對一個笨蛋來說，啥事都不讓他做最好！）主人試著分派給他一些簡單的工作，讓這個笨蛋多少能發揮點用處。

有一天，主人叫來了這個家僕跟他說：

「你去商店買一份麵粉和一份砂糖。麵粉用來做麵包，而砂糖是用來做甜點的，所以小心喔，不要把兩樣東西混在一塊兒。聽到我說的話了嗎？別混在一塊兒！」

僕人費了好大的力氣記住了主人的交代：一份麵粉，一份砂糖，不要混在一塊……不要混在一塊兒！他帶著托盤前往商店。

去商店的路上，他不停在心裡念叨：「一份麵粉，一份砂糖，不要混在一塊兒！」

僕人來到了商店。

「老闆，請給我一份麵粉。」

老闆舀出了一滿勺的麵粉。僕人把托盤遞過去，老闆倒出了麵粉。

「還要一份砂糖。」僕人說。

於是店主人又用一個大紙盒盛出一份，然後拿出來，裡面裝滿了砂糖。

「兩樣東西不能混在一塊兒！」僕人說。

「既然這樣，砂糖要放哪？」店主人問。

僕人想了又想，當他正在苦思冥想時（這可是很花腦筋的事），他把手伸到了托盤底下，突然發現那裡是空的！所以，他做了一個迅速的決定，他回答：「這裡。」然後，他將托盤整個翻了過來。當然，麵粉撒了一地。

僕人轉身喜滋滋地回家去了：一份麵粉，一份砂糖，沒有混在一起。

當他回到家裡，主人看見他端著裝滿砂糖的托盤進門，便問：「麵粉在哪？」

「沒有混在一塊兒！」僕人回答，「在這裡！」

就在剎那間，他把托盤翻了過來……這會兒連砂糖也灑落了一地。

20 用來飛翔的翅膀——為什麼我無法盡情展現自我？

那天，赫黑已經準備好一個故事等著我。

✦用來飛翔的翅膀

孩子成年時，他的父親告訴他：「兒子啊！並非人人生來都擁有翅膀。沒錯，即使你不想展翅高飛，但如果仁慈的上帝已經賜給了你一對翅膀，而你卻只甘於走路，實在是件很可惜的事。」

「但是，我不知道怎麼樣才能飛呀！」兒子回答。

「是沒錯。」父親說。然後，他們走著走著，父親帶著兒子來到山裡的一處懸崖邊。

「兒子，看到沒？眼前所見是一片深不見底的懸崖，當你想飛的時候，就來到這裡，吸一口氣之後奮力跳下深淵，然後張開雙翅，你就會飛了。」

兒子猶豫了。

「如果我摔下去了怎麼辦？」

「即使摔了下去，你也不會死掉。頂多身上多了一些傷疤，讓你在下次的嘗試中學會更堅強。」父親回答。

兒子回到村莊裡去看朋友和同伴們，那些都是陪著他一起度過人生的摯友。

幾個好友紛紛告訴他：「你瘋了嗎？幹嘛這樣做？你爸腦袋不清楚了吧……何必呢？你一定要學會飛嗎？為什麼不停止幹蠢事？誰需要會飛啊？」

連他最要好的朋友也奉勸道：「這樣會不會有危險？為什麼不先慢慢嘗試呢？你可以先試著從樓梯間跳下來，或是從樹頂上跳下來。如果你一開始就從山頂跳的話，萬一……」

兒子聽了那些關愛自己的人所發出的忠告。他攀上了樹頂，然後鼓起勇氣往下一躍。他的雙翼迎著風伸展開來，使勁全力在空中拍打……很不幸的，他直直地墜落到地面。

他的額頭上腫出一個大包。

接著，他遇見了父親。

「你騙我！我根本飛不動。我試過了，但是你看看我這兒撞出來的傷。我跟你不一樣，我的翅膀只有裝飾效果啦。」

「兒子啊，」父親說，「想要盡情翱翔，就必須創造一個足以伸展雙翅的遼闊空間。就像穿著降落傘縱身一跳……在跳下之前，你需要有足夠的高度。

「為了能夠盡情翱翔，就必須開始承擔風險。

「如果你放棄了，大概只能向命運低頭，這輩子就繼續走路吧！」

21 你是誰？——「真正的自己」何處尋？

我曾經對自己下足了苦功，在我的心理治療師帶領下，並基於一股想完整認識自己的欲望，我把大部分的空閒時間都用在思考人生中的種種遭遇，對照現在跟過去的感受、回憶，以及從赫黑身上學到那種「發現」的技巧。最後得到的結果，的確讓我一次比一次驚嘆不已。

但是，並非一切事物都如想像中美好。有些積壓在我心底的想法，特別是那些每每讓我情緒潰堤的情感，總讓我悲傷不已，挫折感很大。

我心事重重地來到赫黑的診所，那天他讀了義大利文學家帕皮尼（Giovanni Papini）的一則故事〈你是誰？〉，不過已經改編成他專用的版本。

在那段時間，我總是埋怨著身邊的人。我不知道自己究竟怎麼了，但我心裡一直有種感覺，彷彿每個人都不值得信任。不知道是我一直選錯人來作伴，還是他們都不符合我的期待……

有件事讓我很驚訝，那就是我發現我老是在等待失約的人，這些人因為某種原因而在最後一秒取消碰面。還有很多次，我在跟朋友約好的地方枯等，可是他們從來沒有在約定的時間準時出現……

接下來，就是那天從心理治療師口中聽到的故事。

◆你是誰？

那天，辛克雷跟往常一樣在早上七點起床。一如往常，他穿著室內拖鞋走進浴室，淋浴後刮好鬍子，然後灑上古龍水。他換上當季流行的衣服，那是他的癖好，然後下樓到門口查看信件。那天的第一個驚奇是：沒有半封信！

最近幾年開始，他的郵件數量增加了許多，這是他跟外界保持聯絡的重要管道。得知沒有收到任何信件後，他的心情有點低落。他狼吞虎嚥吞掉了慣常吃的牛奶跟穀片早餐（他遵守了醫生的建議）便出門了。

一切都跟平日一樣：同樣的車輛穿梭在相同的街道，在城裡製造出相同的噪音。他跟平時一樣抱怨著。穿過廣場時，他差點撞上艾斯爾教授。教授是位老先生，他們倆經常湊在一起討論沒有用的形而上概念。他跟教授揮手打了招呼，但教授似乎沒有認出他來。他喊教授的名字，可是教授已經走遠了，辛克雷猜想教授大概沒有聽到他的呼喚。

那天的開始一團糟，而心頭湧上的無聊感似乎讓這一天變得更混亂。於是他決定回家去讀書、做研究，繼續等待數量一定會爆增的信件，以彌補今天沒收到信件的遺憾。

那晚，他睡得極不安穩，幾乎天沒亮就醒來了。他下樓，一邊吃早餐的同時，目光不時飄向窗戶，等待郵差捎來信件。他終於看見郵差轉過了街角，而他的心臟也撲通地猛然跳了一下。然而，郵差行經他家大門時並沒有停下腳步。辛克雷立刻衝出大門攔住了郵差，想確認今天是否沒有信件。但郵差肯定的說，郵袋裡沒有一封是寄到他家的信，也澄清今天郵局可沒有罷工，城市裡的郵件發送一切正常。

郵差的話非但沒有讓他安心，反而加深了他的憂慮。這麼奇怪的事，他必須揪出原因。他套上夾克，去找朋友馬力歐。

抵達馬力歐的家裡，他請管家去通報自己的來訪，然後耐心地坐在客廳等待。馬力歐不一會兒就出現了。辛克雷張開了雙臂迎接主人，但是這位朋友卻冷冰冰地問他：「先生，不好意思，我們認識嗎？」

辛克雷以為那是惡作劇，他大笑著，還硬拗馬力歐請自己喝一杯。然而，接下來發生的事把他嚇壞了：馬力歐叫來了管家，要他把這個陌生人趕出去……這樣的事讓辛克雷情緒失控，他開始大聲喊叫、辱罵對方，結果反倒讓馬力歐更有充分的理由，命令身材魁梧的管家粗暴地將他趕到街上。

回家途中，他遇見了其他鄰居，但沒人注意到他，都把他當陌生人。有個念頭盤據在辛克雷的心頭：一樁與他作對的陰謀正在進行中，而他一定是做了什麼冒犯社會的事，因為，不久前大家都還很看重他。現在呢，全都拒他於千里之外。然而，任他絞盡腦汁想了又想，卻怎麼也記不起來自己到底在哪裡得罪過人，更別說是做過什麼危害了整座城市的壞事。

接下來的兩天，他都躲在家裡，不是等著一直沒有出現過的信件，就是渴望有朋友到訪，他想，或許朋友會因為他消失了好幾天而覺得不尋常，到他家裡來探問他。但是，什麼事都沒發生——根本沒有人靠近他的房子。打掃的清潔婦沒來工作也沒有通知他，電話鈴聲從未響起。

第五天晚上，辛克雷喝了一杯酒壯膽，他決定光顧以前常跟朋友打屁聊天的酒吧。他一進門便看見老友圍坐在角落那張他們常坐的桌子。胖子漢斯聊著以前常掛在嘴邊的老笑話，全部的人跟以前一樣拍手叫好。他拿了一張椅子靠過去，然後坐了下來。突然間，一陣陰森的靜默，可以感覺出大家對不速之客的反感。

「請問一下，我們之間到底發生了什麼事？如果我曾做過什麼蠢事讓你們覺得困擾，那就告訴我吧！我們可以解決這個問題，但別用這麼殘忍的方式對待我，我快瘋了。」

所有人面面相覷，一副好笑又不耐的神情。一人用食指搓揉自己的太陽穴，審視著眼前這位男子。辛克雷再度開口要求大家給他個解釋，然後是哀求……最後，他跪倒在地板上，乞求大家說清楚為何如此對待他。

「先生，我們都不認識你啊！你沒對我們做過什麼事。事實上，我們看都沒看過你。」

辛克雷的眼睛湧出斗大的淚珠。他離開酒吧，拖著沉重的步伐回家，好似雙腳有千斤重……

進入房間，他撲倒在床上。不知道為什麼，他成為一個陌生人，一個不存在的影子。他徹底消失在別人寄信的名冊上、認識的人的記憶裡，還有朋友們的名單裡。他心裡冒出一個想法，就像是一記猛然的轟擊——找出這些人這樣對待他的原因，以及他迫切想要了解的問題：「我是誰？」

他真的知道如何回答這個問題嗎？他知道自己的姓名，家住哪裡，襯衫的尺寸，身分證字號，還有其他的資料，好讓別人方便定義他。但是，除了這些，到底有哪些東西在內心深處是真實的？那些喜好跟態度，那些傾向跟想法，果真是屬於他的嗎？還是像許多其他的事物一樣，那只是試著不辜負大家眼中所期待的自己而已？

有件事情的輪廓逐漸明朗：變成一個陌生人，可以讓他從一個既定模式裡被解放出來。不管事情怎樣發展，沒有什麼東西可以改變他人對於他的回應。這麼多天來，他總算找到讓自己心靈平靜的東西：這種狀況下，他可以隨心所欲做回自己，不需尋求別人認同的眼光。

辛克雷深深吸了一口氣，感覺周遭的空氣突然清新起來，甦活了自己的肺部。他感到身體裡的血液奔騰不止，胸腔裡的心臟用力跳動，他驚訝的發現了這件事，而且是第一次發現。

現在，他終於了解自己是孤伶伶的一個人，而且一直以來都是這樣，只有自己陪在身旁。現在他可以開懷大笑或是痛哭流涕，但都只為了自己，而不是為別人。他終於明白：

自我的存在，不需依靠他人。

他發現必須獨自一人，才能找到自我。

他平靜地沉沉睡去，做了一些美麗的夢。

早上十點鐘，他睜開了雙眼，發現在這個時間，有一道陽光正從窗戶照射進來，以一種奇妙的方式點亮整個房間。

跳過淋浴的習慣，他走下樓梯，嘴裡哼著一首從未聽過的歌曲。然後，他發現大門底下塞著一包東西：厚厚一疊寄給自己的信。

清潔婦在廚房裡跟他打招呼，好像什麼事都沒發生過。

晚上在酒吧裡，沒有人記得那個怪異又瘋狂的夜晚。至少沒有人提起隻字片語。

一切都恢復了正常……除了他之外，

幸好，

他，再也不需要乞求他人看看自己，確認自己是否還活著。

他，再也沒有必要用外在來定義自己。

他，再也不害怕別人的拒絕。

一切如昔。

除了一件事，那就是，他再也不會忘記自己是誰。

「戴密安，這就是你故事的寫照。」肥仔繼續道，「如果你沒有辦法不依賴別人的認可，你就會活在害怕別人會棄你而去的恐懼中，就像其他人一樣，這種恐懼是學習而來的。

「不想恐懼度日的代價是服從，成為『愛著我們』的那些人所期待的樣子，完成他們希望我們去做的事，遵照他們希望我們思考的方式去思考。

「如果你能像帕皮尼故事中的這位男主角那樣的『幸運』，當這個世界棄你而去，你再怎麼掙扎都是白費力氣。

「然而，如果事情不是這樣發展，

「如果你『運氣不好』，活在被大家接受且恭維的假象裡，
「那麼……你就等於正在放棄自由意識，
「你會被迫做出選擇：選擇服從或是孤單；
「你會陷入做自己和被眾人忽視的困境。
「從那一刻起……你就能真正的活著，
「雖然是孤單一人，但只為自己而活。」

22 渡河——為什麼無法驅離罪惡感？

「我的心情很差。」

「怎麼了？」

「是這樣，待會兒離開這裡之後，我要送筆記本到一個同學的家裡……而且他家離這裡挺遠的。」

「嗯，戴密安……」

「沒錯，我知道，」我打斷赫黑，「你會說，沒有必要強迫自己，這都是出於自願，自己的選擇……我知道。」

「當然囉，這是你的選擇。」

「沒錯，是我的選擇。但是，我總覺得那是我的義務。」

「很好。我不問是什麼義務，也不問為什麼是義務。總之，我質疑的是你連原因都不知道。」

「我知道原因啊。璜安是個很不錯的朋友，每次只要我需要幫助，他就義不容辭地伸出援手。所以，我實在無法拒絕幫他跑腿。」

「嗯，能者多勞。無論如何，問題在於……」

「問題在於我擔心璜安怎麼看待我。」

「錯了，大錯特錯。你更擔心的是你怎麼看待自己。」

「我？我怕變成討人厭的傢伙。」

「不管是不是沒跑腿而被人討厭，你現在不就因為懶得跑一趟而開始討厭自己了嗎？」

「沒錯，我就是那樣想。」

「這就是罪惡感引發的問題，看到沒？人類對生活充滿了痛苦和倦怠感，就是因為每天有十二個小時把自己當成罪魁禍首……而剩下的十二小時，則在嘮叨別人會怎麼看待自己。」

「喔！很好，我現在完全不知道該怎麼辦了。」

「這樣比較好。或許，不知道反而可以學到更多。」

每當赫黑講話的語氣開始散發出一種哲理兼嘲諷的味道時，我都搞不清楚他到底是在對我說話，還是在我面前思考著人類的未來？這正是最令人難以忍受的時刻。

不管他這麼做到底是為了什麼，是為了他自己、為了我，還是純粹為了科學研究，即使確定這些忠告能讓我將來受益無窮，我心裡仍有一股想走人的衝動，我受不了了！什麼心理治療、心靈成長，我都不要了！我想逃離這一切……

讓我繼續留下來的唯一理由，是因為有前車之鑑。有一次，我真的轉身走人，可是下場更慘！因為我帶著滿肚子的疑惑離開，而在釐清疑惑之前，我根本無計可施。

那天他告訴了我這個故事，此後，我時時提醒自己不半途而廢有多重要，以及，讓懸而未決的疑惑占據心頭，是多麼危險的一件事。

✦渡河

很久以前，有兩個和尚在森林裡趕路，準備返回佛寺。抵達河邊時，他們看見有個女子蹲在河邊哭泣，那是個年輕貌美的姑娘。

「妳怎麼了？」年紀較長的和尚開口問道。

「我母親快死了。她孤伶伶一個人在家，就在河的對岸，可是我沒有辦法渡河。我試過了……」年輕女子說，「但是水流實在太湍急了，我無法涉水而過，沒有人幫忙，我根本過不去……我怕我再也見不到母親最後一面了。但是現在……你們出現在我眼前，重新燃起了我的希望！」

「我們很希望能幫妳。」年紀較輕的和尚嘆息，「唯一的方法是背著妳橫渡河流，但是出家人六根清靜，不近女色，我們實在是心有餘而力不足……很抱歉。」

「嗚嗚，那太遺憾了……」女子說著繼續啜泣。

這時，年長的和尚跪了下來，低下頭說，「爬上來吧！」

女子不敢相信自己的耳朵！但她很快抓起裝著衣服的包袱，爬上去跨坐在和尚的肩膀上。

老和尚很吃力的背著女子過了河，年輕和尚緊跟在後。

抵達河流對岸時，女子跳了下來。她靠近年長的和尚，想親吻他的雙手表達感謝之意。

「不用了，不用了！」老和尚邊說著邊抽回手：「妳趕快回家吧！」

女子感激又恭敬地鞠躬敬了禮，拿起包袱往村莊道路奔去。

兩個和尚不發一語，繼續趕路回了佛寺。眼下還有十個小時的路程……

就在到達佛寺之前，年輕和尚開口對老和尚說，「師父，你比我更明白持戒的道理。然而，你卻背著那位女子過了河。」

「沒錯，我背著她渡了河。但是，你幹嘛到現在還背著她不放呢？」老和尚這般回答。

23 給印度大君的禮物——如何不受制於人情壓力？

「戴密安，你看，跑跑腿把筆記送到朋友家是一件好事，如果跑完腿還能真心的感到快樂，那就更好了。當然，你沒有覺得開心也就算了，但是你反而心情變差了？我可不認為瓚安讀了那些筆記，考試就能過關喔！」

「這有什麼關係？」

「沒有關係，我只是開個玩笑。你可以說這樣『感覺很糟』。」

「我不懂你幹嘛囉哩囉唆的，我已經說過願意為他跑腿送筆記了。」

「囉唆是為了提醒你注意自己碰到的狀況。你要不要聽個故事？」

✦給印度大君的禮物

從前有位以智慧聞名的印度大君即將歡度百歲壽辰，全國上下歡天喜地準備迎接這件大事，大家都非常敬愛這位領袖。

皇宮裡籌備了一個盛大的生日宴，許多權高位重的人物都受邀出席。那天，大廳入口堆滿了如山的禮物，大君在廳裡招呼著賓客。晚宴進行時，大君要求僕人將禮物分成兩類：一邊是有留下姓名的禮物，另一邊是沒有署名的禮物。

到了甜點時間，他派人將兩堆禮物帶了過來。一堆是數百個體積較大、較為貴重的禮物，而另一堆是約十個左右體積較小的禮物。

大君開始拆開第一堆禮物，然後逐一喚出送禮的賓客，對他們說，「我很感謝你送的禮物，禮物還給你，我們互不相欠。」接著，不管是什麼禮物，他一概退還。

第一堆禮物處理完後，他走到第二堆禮物旁：「這些禮物找不到主人，所以我願意收下，因為沒有強迫的意味。人活到了這把年紀，身上最好別再背負太多的人情債。」

「戴密安，每當你收到某樣東西，可能你或別人的心裡會將這種接受轉換成一種人情債。如果是這樣，最好不要收下任何東西。

「但如果你能夠付出而不求回報，或是真心接受而不受人情的牽絆，那麼你大可以選擇是否付出，是否接受，完全不會產生欠債的感覺。最重要的是：沒有人會報答你的人情，因為沒有人虧欠你什麼。」

結束與赫黑的談話後，我的壞心情一掃而空。我發現自己並沒有義務非得替朋友送筆記；我發現璝安雖然幫了我一把，卻不求回報；還有，如果他這樣做是為了讓我欠下一筆人情債，那麼他的氣度也未免太狹窄了，而且這麼一來，我也不會想去回報。這樣一想，我發現我既不欠下人情，也可以隨心所欲。

我給了赫黑一個吻，然後帶著筆記去找璝安了。

24 尋找佛陀——距離夢想有多遠？

有時候我會問自己：完形心理學的理念，是否真的不會太過趨向自私自利？這種意識形態似乎賦予了當事人許多自由，主張任何人都可以去煩擾別人，因為根據這一派的說法，這樣做並無不妥。一個人可以只想著自己過日子，也不會有什麼問題。

總之，對於完形心理學來說，傳統的教育觀念似乎失去了正面的價值。

於是，我向肥仔提出了疑問。

「沒錯！」他說，「有時似乎是這樣。」

「難道不是嗎？」

「對，是這樣……看起來似乎是這樣。」

「真可笑……」

「不，真的是這樣。總而言之，我不知道完形心理學是否如此，但對我本人來說，在我的認知裡，每個人都應該做自己，即使這個『自己』可能是一團狗屎……」

「你喜歡活在狗屎堆裡？」

「不是，但是你想想，如果每個人都可以做自己，百分之百的忠於自己。我認為情況會變成這樣：那些像狗屎的人，會繼續活的像狗屎，這種生活方式不會改變他們分毫。但是其他那些行為不像狗屎的人，會為了提升自己而不斷努力，讓自己變得討喜。即便沒有辦法做到，真正善良的人會停止質疑自己，因而騰出很多時間做好事。」

「結果不都一樣嗎？」

「不，不太一樣。我們接受的教育認為人類應該步調一致的成長，而依我看來，我認為每個人應該順其自然的發展。」

「那我們乾脆教大家順其自然發展，如何？」

「或許有用，可是前提是，不能去逼迫任何人團結。這就像推著河水不斷往前奔流……而我不贊同這種方式。」

「但是這樣一來，就會形成出類拔萃的精英與資質駑鈍的凡人、自利與團結、善與惡等各種對比。」

「有可能，但我寧可認為大家是以不同的高度在這個世界上不停地向前邁進。有人具有遨遊天際的能力，像是大師；少數的人有能力飛得更高遠，像是智者；很可惜，有的人則只能在地上爬行，連從地上抬起頭來的能力都沒有——他們就是你我口中所謂資質駑鈍的凡人。

「這群人甚至認為，並非每個人生來就擁有翅膀。我認為每個人都可以接受自己選擇的路，也可以試著藉由成長來增加高度。但還是有些令人不解的瘋狂現象存在，那就是，有些人非但沒有嘗試提升高度，反而費盡力氣的爬著，明明趴在地上，卻想讓自己看起來更高一點。有些人雖然活著，卻讓自己更為封閉，一生追求著連神也不知道的答案。」

「無論如何，我覺得這一切都要看目標的高度而定。」

「我也不清楚。要不要聽一個故事？」

✦尋找佛陀

佛陀走遍世界，為了跟那些自詡為信徒的人碰面，對他們講述真理。所經之路往往有數以千計信仰他的人前來聽他講道，並且觸摸他或是凝視他。大家認為此生只有這麼一次難得見到佛陀的機會。

有四個和尚聽說了佛陀將在瓦里城停留，於是讓驢子馱著行李，踏上漫長的旅途。如果一切順利，這趟旅程得花上好幾個禮拜的時間。

其中有個和尚不太認得前往瓦里的路，於是跟在其他和尚的身後趕路。

出發後的第三天，他們遇到一場突如其來的暴風雨。和尚們加緊腳步抵達了一個村莊，找到了棲身之所，等待風雨過去。

但是，最後那位和尚沒來得及趕到村子裡，因此，他只好留在村莊的近郊，向一個牧人借宿。好心的牧人提供他衣服、房間和食物，讓他過夜。

第二天一早，這位落後的和尚準備出發，他去跟牧人道別。一靠近畜欄，他就發現昨晚的暴風雨嚇跑了羊群，而牧人正試著將牠們找回來。

和尚想著，我那些同伴已經快要離開村莊了，如果現在不趕快出發，就會遠遠的落後。但是，這位牧人昨天供他吃住，他不能視而不見，就這麼一走了之。所以他決定留下來，幫助牧人把迷失的羊群重新趕回畜欄。

就這樣，三天過去了。他重新上路，並努力加快了腳步，好追上他的同伴。

循著同伴留下的足跡，他在一處莊園稍作休息，並且補充飲用水。

莊園的女主人向和尚指出水井的位置，並對於無法親自去幫他裝水感到抱歉，因為她必須全力完成收割的工作。和尚給驢子喝水時，他把自己的皮囊也裝滿了水。這時女主人告訴他，自從她的丈夫過世後，她跟年紀還小的孩子們要趕在農作物損失前收割完畢，這對他們來說，實在是件十分艱鉅的工作。

和尚發現這個女人實在無法獨力完成收割工作，但是他也知道，如果選擇留下，將會失去同伴們的足跡，而當佛陀到達瓦里的時候，他便無法趕到現場。

「可以晚幾天再去見佛陀。」和尚想，他知道佛陀應該會在瓦里待上幾個禮拜。

這次的收割工作整整花了三個禮拜。工作結束後，和尚繼續上路。

在路上，他聽說佛陀已經離開了瓦里，前往一個更北方的村莊。

於是和尚馬上改變方向，前往那個村莊。

即使只能匆匆見上佛陀一面，他也要想辦法趕到那裡。但是在途中，他解救了一對老夫婦免於被大水沖走，幫助他們逃離死神的魔掌。在老夫婦恢復健康後，和尚總算又能重新出發，他知道佛陀一定繼續趕往他處了。

二十年過去了，和尚始終追尋著佛陀的腳步，每當快要接近目的地，就會有突發事件拖延他的行程。總是有人需要他的幫助，而和尚也總是無法及時追上佛陀的腳步。

最後，他聽說佛陀已經準備返回故鄉，並決定在那裡圓寂。

「這次……」他對自己說，「這是最後的機會了，如果不想抱著沒見到佛陀的遺憾死去，我就不能再耽擱行程。沒什麼事情比趁活著的時候見上佛陀一面更重要。要幫助別人，以後有的是時間。」

帶著最後一頭驢和少許的乾糧，和尚重新上路。

抵達村子的前一天夜晚，他幾乎撞上了一隻躺在半路上的受傷小鹿。於是，和尚伸出援手餵小鹿喝水，用新鮮的泥土覆蓋牠的傷口。小鹿張著大口費力的呼吸，牠肺裡的空氣似乎越來越少了。

「必須有人留在這裡照顧小鹿，」和尚想，「這樣我才能放心離開。」

但是，放眼望去，四周空無一人。

和尚溫柔的將小鹿安置在岩石旁，準備啟程。他留下了水跟食物，放在小鹿可以吃到的地方，然後起身離去。

才走出了兩步，他發現自己無法就這樣去見佛陀。他無法內心帶著遺憾，丟下奄奄一息且毫無防備的動物不管。

於是，他又將驢背上的行李給卸下了，留下來照顧那隻小動物。

和尚徹夜不眠地看顧小鹿，就好像照顧自己的孩子一樣。他餵小鹿喝水，更換小鹿額頭上的濕布。

終於在黎明來臨之前，小鹿恢復了力氣。

和尚坐在偏僻的角落，忍不住號啕大哭……他終究還是失去了僅有的機會。

「我再也沒辦法見到佛陀了。」他吶喊。

「別繼續找我了……」此時，從他背後傳來一個聲音，「因為你已經找到我。」

和尚轉身，看見小鹿沐浴在一團光暈裡，化身成打坐姿勢的佛陀。

「如果你昨晚丟下垂死的我而跑去那個村莊，你將錯過與我見面的最後機會……至於我的死去，你不用擔心，只要世界上還存在著像你這樣的人，能夠年復一年追隨我的道路，願意犧牲自己的欲望來幫助他人，這樣，佛陀的精神就永垂不朽了。這就是佛陀，佛陀就在你的心中！」

「我想我懂了，一個看似崇高的目標，可以激勵一個人展翅高飛的欲望，但是對於那些在地上爬行的人來說，卻成了達不到的藉口。」

「沒錯，戴密安，就是那樣。」

25 頑固的樵夫——為什麼盡了力，還是退步？

「肥仔，不知道怎麼搞的，學校的事跟我想的不一樣。」

「什麼意思？」

「今年我的成績開始退步，雖然是慢慢的，但一直在退步。我的成績大多是七分或八分，有時會拿到九分。但最近幾次考試，我連六分都拿不到。我不知道，沒拿到好分數，我就無法專心，做什麼事都提不起勁。」

「嗯，戴密安，你要注意，現在是年底了。或許，你需要休息。」

「我有打算要休息，但是離年底還有兩個月啊。在那之前，這種事想都別想。我沒辦法請假休息。」

「有時候，我真覺得所謂的文明規範把大家都給搞瘋了。我們必須十二點上床睡覺；早上八點起床；中午十二點到一點吃午飯；晚上九點到十點吃晚飯……說真的，我們的活動是由時鐘來決定，而不是由我們的意志來掌控。對我來說，我認為某些事需要一定程度的規範無可避免，但有的事為什麼要遵從事先建立的規則？這實在令人難以理解。」

「隨你怎麼說，但以我現在的情況，我不能請假！」

「但是，你剛剛跟我抱怨成績退步了。」

「應該有別的方法可以解決吧！」

◆頑固的樵夫

很久很久以前，有個樵夫進入一間伐木工廠工作。那裡的薪資優渥，工作環境宜人，於是，樵夫決心成為廠裡的優秀員工。

第一天，他向領班自我介紹。領班給了他一把斧頭，派他接手負責森林的某個區域。

樵夫衝勁十足地跑到森林裡砍伐樹木。

短短一天內，他就砍倒了十八棵樹。

「恭喜你！」領班說，「繼續保持。」

受到領班的鼓舞，樵夫決定隔天要提高工作效率。所以那天晚上，他早早就上床睡覺。

第二天早上，他比任何人都要早起床，然後進入森林。

但是，即便再怎麼努力，一天下來的成績，還是沒有辦法超過十五棵樹。

「我大概是累了！」他心想。然後，他決定太陽下山時就上床睡覺。天色濛濛亮時，樵夫便起床了，他下定決心要將金字招牌擦亮，以十八棵樹為目標。然而，當天，他連一半的量都無法達到。

隔天的成績是七棵，然後是五棵，最後一天，他花了一整個下午，只砍了兩棵樹。

由於害怕領班的質問，樵夫主動找了領班坦白，他甚至發下重誓，說自己真的很努力，甚至已經達到了體力的極限。

於是領班開口問他：

「你最後一次把斧頭磨利是什麼時候的事？」

「磨利？我根本沒時間磨斧頭！整天光是砍樹，就夠我忙得團團轉了。」

「戴密安，這麼做有什麼用呢？一開始耗盡力氣，但很快就沒力了！當我用盡力氣，花再多時間恢復體力，也無法讓我提高效率。

「休息、換工作、做其他的事，常常是我們把工具磨利的好方法。繼續強迫自己做同一件事反而白費工夫，因為這樣根本無法在短時間內改善一個讓人使不上力的情況啊！」

26 母雞帶小鴨——為什麼有人越來越難溝通？

我跟爸媽之間經常發生爭執，我覺得他們一點都不了解我。我跟他們溝通不良，特別是和我爸。

過去，我總相信我爸是個成功卓越的人，至今深信不疑。但是他的態度好像認定了我就是個蠢兒子。對於我所做的一切，他的評語都是差勁、白費工夫、危險、不恰當。如果我試著辯解，情況就更雪上加霜。我們對事情的看法根本南轅北轍！

「我不敢相信我爸居然變蠢了。」

「嗯？我認為他沒有變蠢。」

「但是肥仔，我發誓他的行為就像個蠢蛋！他老是緊抓著某些遲鈍又過時的想法不放，我爸的年紀根本還沒老到無法了解年輕人的想法啊……真的很奇怪！」

「要聽故事嗎？」

「好呀！」

◆母雞與小鴨

很久以前，有隻母鴨生了四顆蛋。

當牠在孵蛋時，有隻狐狸突然襲擊鴨巢，殺死了母鴨。但是發生了某個意外，讓狐狸在逃走之前來不及吃掉那四顆蛋，因此這些蛋被棄置在窩裡。

有隻老母雞經過那裡，發現了那一窩沒人照料的蛋。基於母性本能，牠立刻坐到上面，準備孵化這四顆蛋。

不久，小鴨紛紛破殼而出，牠們自然而然地把母雞當作母親，成群結隊的排成一列，跟在母雞的身後。

母雞對自己的新子女感到很滿意，便把牠們帶回了農場。

每天早晨，公雞一聲啼叫之後，母雞媽媽就會啄開泥土覓食，而鴨寶寶們也努力有樣學樣。當小鴨們無法翻開泥土找蟲吃，母雞會把食物分給牠們吃，將切塊的蚯蚓餵進孩子的嘴巴裡。

一如往常的某天，母雞帶著小鴨們在農場附近溜達，大家跟著秩序排隊前進。

但是抵達湖邊時，突然間，小鴨在本能的驅使下，撲通地躍進了湖裡，而母雞則絕望的在岸邊咕咕大叫，要求孩子們趕快離開水面。

鴨寶寶們快樂的游泳戲水，雞媽媽卻在岸邊著急得直跳腳，害怕牠們會溺水淹死。

母雞的喊叫聲引起了公雞的注意，牠走過來瞧見眼前這一幕。

「年輕人真是靠不住，」公雞下了結論，「他們的個性太魯莽衝動了！」

有隻小鴨聽到公雞的話，游近岸邊對牠們說：

「不要因為你們自己辦不到，就反過來責怪我們。」

「戴密安，不要以為母雞有錯，也不要責怪公雞說錯話。

「更不要認為小鴨子們個性倨傲，而且目空一切。

「故事裡的每個角色都沒有錯。牠們只是站在不同的角度看待事情。

「唯一的錯誤，其實見怪不怪，

「那就是，每個人都以為，只有從自己的立場才能看得清事情的真相。

「就像聾子總是認為，那些會隨著音樂起舞的人——都是瘋子。」

27 可憐的綿羊——不聽老人言，吃虧在眼前？

我還在思考關於親子關係的問題。肥仔說的確實有理，每個世代看待事情都有獨特的觀點，我們跟他們之間，有時就像他們跟上一代一樣，相處的過程中難免會產生摩擦，因為我們就是沒辦法對同一件事情抱持著相同的看法。

「你知道嗎？我跟我爸媽聊過了。」

「喔……是嗎？」

「我告訴他們母雞帶小鴨的故事。」

「然後呢？」

「起先，他們的反應跟我預測的完全一樣。我媽媽說，她不了解這兩件事有什麼關係，而我爸爸則無法苟同我的比喻。之後，我們沉默了好長一段時間，誰都沒開口說話，到最後，我們的意見似乎不像原先那麼分歧了。」

「所以，你們終於達成相同的看法。」

「沒錯，就像你說的，當我們立場相同，就很容易去認同對方。最困難的在於接受那些我們不認同的事。可惜，情況並非全然如此。」

「還不賴！」

「除此之外，我爸爸最後還說，他認為自己因為年紀較長，人生閱歷豐富，所以他的看法是具備優勢的，因為人生中會遇到各種險惡和不如意，沒有他們的經驗傳授，我們年輕人還沒有能力應付。」

「那你覺得呢？」

「事情不一定是這樣。我對於自己碰到的事，幾乎都能應付得了。」

「那剩下無法應付的那些呢？」

「剩下的那部分，我沒有把握。」

「那麼，你爸爸的話的確有幾分道理。人生的旅途中會遇到險惡，因此你仍然需要他們的協助。」

「嗯，沒錯。」

「不過，這種說法對你不利，對吧？」

「沒錯，但卻是不爭的事實。」

「是啊！現在還得進一步確認是否真是如此。」

「什麼意思？」

「你聽聽這個故事吧……」

✦可憐的綿羊

從前，有個牧羊人家族，他們牧養的綿羊都關在同一個畜欄。他們每天餵養、照顧，並且放羊群出去活動。

有時候，羊群會試著逃跑。

這時，裡面最年長的牧羊人就會告誡牠們：

「你們這些涉世未深又自大的綿羊啊，你們不知道走出這座山谷之後，處處都充滿了危險。只有待在這裡，你們才有水喝、能溫飽。最重要的是，你們可以遠離野狼的威脅。」

通常，這些話足以嚇阻羊群對「自由」的嚮往。

一天，有隻與眾不同的羊誕生了，我們姑且稱牠為「黑羊」。牠有著叛逆不羈的靈魂，而且牠還慫恿同伴一起逃往大草原，投奔自由！

因此，老牧羊人勸誡羊群外面世界很危險的次數越來越頻繁，然而，羊群依舊變得焦躁不安，而且每當放牧時間結束，牧羊人必須花費更多的力氣，才能將牠們趕回畜欄。

直到有天晚上，黑羊終於成功說服了同伴，於是，這一整群羊開始了集體大逃亡。

一直到天亮，牧羊人看到被破壞得殘破不堪、空蕩蕩的畜欄，才知道大事不妙。

牧羊人轉而向家族的長老哭訴。

「牠們逃走了，全都逃走了！」

「可憐的綿羊……」

「牠們餓了怎麼辦？」

「渴了呢？」

「萬一遇到野狼呢？」

「沒有我們在身旁，那些羊會怎麼樣？」

老牧羊人咳了幾聲，從菸斗吸了一口菸，說道：

「沒錯，沒有我們在身旁，那些羊會怎麼樣？可是更糟的是……

「失去羊群的話，我們會怎麼樣？」

28 懷孕的鍋子——為什麼我常受制於人？

「你跟父母的關係還順利吧？」

「時好時壞。」我回答，「有時候，我們溝通良好，彼此都能站在對方的立場思考，但也有無法溝通的時候，那時可真是一點辦法也沒有。」

「嗯，戴密安……關於這種問題，我認為以後你跟別人相處還是會碰到。」

「是沒錯。但如果對象是父母，感覺就不同了。畢竟他們是我的父母啊……」

「沒錯，他們是你的父母。但是，你所謂的感覺有差，是什麼意思？」

「因為他們是父母，所以擁有某種權力。」

「什麼樣的權力？」

「控制我的權力。」

「戴密安，你已經長大成人了。正因如此，沒人可以左右你，沒有人。除非是你賦予他們權力。」

「我沒給他們這個權力呀！」

「表面上是這樣。」

「但是房子是他們買的，他們供我吃住，給我買衣服穿，幫我付學費，我媽幫我洗衣服，幫我鋪床……這些林林總總的事讓他們可以掌握某種權力。」

「你沒有工作嗎？」

「當然有工作。」

「然後呢？我知道，如果你沒有經濟能力單獨租一間公寓，你只能住在父母的房子。但是至於其他的，我認為如果你真的想爭取獨立權，有些簡單的事你還是可以自己完成。」

「你講到哪裡去了？你好像把我當成沒用的米蟲了！就跟我老媽一樣。就好像在做大事之前，必須先學會鋪床！」

「我並沒有這樣想，現在盼望得到自由跟學會獨立的，可是你自己啊！」

「我可不要所謂的『得到自由』和『學會獨立』，到頭來就得自己燒飯、鋪床或洗衣服。我想要的是不用經過別人同意就可以暢所欲言，不用多做解釋。」

「戴密安，或許這兩種『自由』是不可切割的。」

「我不想跟父母親從此不相往來。」

「喔，不，當然不是那樣。但是你要求了一些非現成的權利，卻拒絕承擔伴隨著那些權利而來的責任。」

「我想我可以選擇在哪些方面要先獨立，至於其他方面，我寧可多等一些時間再說。」

「來，聽聽這個故事是否可以幫你澄清疑慮。」

◆懷孕的鍋子

有個男子跟鄰居借了一個鍋子。鄰居雖然不太情願，但卻覺得有出借的義務。到了第四天，鍋子還沒有歸還，所以這個鄰居就以自己需要使用為由，要求男子歸還鍋子。

「我正好要上樓還你鍋子呢……生產這檔事，真是搞得一塌糊塗！」

「什麼生產？」

「鍋子的生產？」

「什麼？」

「喔，您不知道嗎？這支鍋子有孕在身。」

「有孕在身？」

「對啊，那天晚上，小鍋子就誕生了。所以這幾天鍋子都必須休養，但是現在已經恢復體力了。」

「休養？」

「沒錯……請稍等一下。」

鄰居進入男子家裡，男子拿出了鍋子，還有一個小水罐、小平底鍋跟小鍋子。

「除了這支鍋子，其他的都不是我的東西。」鄰居說。

「這些都是鍋子的千金。如果鍋子是您的，那麼生出來的孩子也都是您的。」

鄰居心想這人簡直瘋了！「我還是照他的戲演下去吧！」他對自己說。

「嗯，那麼多謝了。」

「不客氣，再見。」

「再見，再見。」

鄰居帶著小水罐、小平底鍋跟小鍋子回了家。

那天下午，男子又去敲了鄰居的大門。

「先生，可以借我一把螺絲起子跟鑷子嗎？」

鄰居強烈感受比之前更有出借工具的義務。

「好的，當然可以。」

鄰居回到屋裡拿出了一把螺絲起子跟鑷子。

一個禮拜過去了，當鄰居想要過去要回東西時，男子又敲了他家大門。

「喔，先生，您知道嗎？」

「什麼事情？」

「螺絲起子跟鑷子是一對夫妻。」

「您在胡說八道什麼？」鄰居瞪大眼睛，「我不知道。」

「您看，都怪我太不小心，才讓它們單獨相處一會兒，女方就有喜了。」

「鑷子嗎？」

「是鑷子沒錯，所以我把孩子們也帶來了。」

男子打開小籃子，拿出一些螺絲、螺母還有鐵釘。根據他的說法，這些正是鑷子生出來的孩子。

「他完全瘋了！」鄰居想，但是多拿回一些鐵釘跟螺絲也不賴。

兩天過去了。那個糾纏不休的男子又出現了。

「前幾天……」男子跟鄰居說，「當我歸還鑷子的時候，看見你家的桌子上有一個美麗的黃金罈，可不可以借我用一個晚上？」

罈子的主人猛眨眼睛。

「有何不可？」他態度溫和的說道。他返回屋裡拿出男子要求的罈子。

「先生，謝謝你。」

「不客氣！再見。」

第一晚過去了，第二晚也過去了，但是鐔子的主人不敢過去要求男子歸還。然而，又是一個禮拜過去了，他再也等不下去，決定去跟男子要回鐔子。

「那個鐔子？」男子回答，「喔！您不知道嗎？」

「什麼事？」

「牠難產了。」

「什麼叫難產了？」

「沒錯，鐔子懷孕了，然後難產死掉了。」

「胡說八道，您當我白痴嗎？一個黃金鐔子如何能懷孕？還難產了？」

「先生，您聽著。您之前接受了鍋子懷孕產子的事實，也接受了螺絲起子跟鑷子結婚生子，那麼，為什麼現在您對鐔罐懷孕跟難產的悲劇難以置信呢？」

「你呀，戴密安，你可以選擇自己想做的事。但遇到比較輕鬆愉快的事情，你就無法保持獨立態度，而對於那些需要花上力氣的事，則更不想獨立承擔。

「你的標準，你的自由，你的獨立，還有與日俱增的責任，都會伴隨你的成長而來。你要成為大人，還是繼續當個小孩，由你自己決定。」

29 愛情的眼光——為什麼我對同一件事的看法會改變？

「我覺得我爸媽老了，腦筋已經不像以前那麼清楚。」
「我想，你是從不同的角度來看待他們。」
「什麼意思？我認為就像你以前說過的：『事情是這樣，就是這樣』。」
「讓我告訴你一個故事吧……」

✦愛情的眼光

國王愛上了莎賓娜，她是個出身卑微的女人，卻成了國王新一任妻子。

一天下午，國王出門打獵，有個信差通報莎賓娜說，她的母親生病了。即便有明文規定，閒雜人等禁止使用國王專屬的私人馬車，違反規定者將會被砍頭，但莎賓娜還是不顧一切地跳上了馬車，奔回母親的身邊。

國王回宮時獲悉事發的經過。「這不是很令人感動嗎？」他說，「這就是孝心啊！她甘願冒著被砍頭的危險，也要照顧母親。真是太令人感動了！」

有一天，莎賓娜正坐在宮殿的花園裡吃水果，國王出現了。她跟國王打個招呼，然後啃了一口籃裡剩下的最後一顆水蜜桃。

「看起來很美味啊！」國王說。

「沒錯！」她回答著，然後伸出手將最後一顆水蜜桃讓給愛人。

「看妳多麼愛我！」國王接著說，「妳犧牲自己的享受，將籃裡最後一顆水蜜桃讓給我吃。我真是太幸福了！」

幾年過去，國王的熱情跟愛意隨著時間消散。某天，國王坐在親密的友人身邊抱怨著：「她永遠學不會什麼是皇后應有的風範！你知道她之前枉顧我的禁令而私自擅用馬車嗎？我還記得有一次，她居然把咬過一口的水果遞給我吃呢。」

「事實不曾改變，事情是這樣，就是這樣。然而，就像這個故事，人們可以從正反兩面來詮釋同一件事。

「說到你自己的看法，你得小心啊。」智者鮑德溫（Baldwin the Wise）這麼說過。

如果你所見到的事實，是有利於你的事實，那麼千萬別相信自己的眼睛！

30 歐姆布樹的新芽——為什麼新與舊永遠是對立的？

才剛踏進診間，赫黑就跟我說，「我幫你準備了一個故事。」

「故事？為什麼？」

「不知道，我覺得你應該會喜歡這個故事。」

「好吧！」我說，我相信他是對的。

✦歐姆布樹的新芽

那是一個小村莊。

因為實在太小了，所以連全國最大的地圖上也找不到這個小村莊。

也因為太小了，所以村裡只有一個小廣場，而唯一的廣場上只長著一棵樹。

但是，那裡的村民深愛著自己的村莊、廣場，以及那棵樹。那是一棵歐姆布樹，不偏不倚地長在廣場的正中央。這棵樹成為村民日常生活的據點——每天下午七點鐘，村裡男男女女下班後都會聚集在廣場，他們梳洗完畢，整理好頭髮，換上衣服，繞著樹的四周散步。

這些年來，年輕人、他們的父母和祖父母，都是在歐姆布樹下相遇的。

就在那裡，商人談成了重要的生意，官員敲定了市政相關政策，情侶討論婚禮細節。年復一年，大家也在這裡悼念那些死去的親人。

有一天，奇妙的事發生了！大樹旁邊的樹根原本是光禿禿的，現在竟然冒出長有兩片新葉的小嫩芽，朝著太陽的方向奮力生長。

那是一支新芽，從大家認識歐姆布樹以來，所長出的第一支芽。

感動之餘，大家認為有必要舉辦一個慶祝會，來讚頌這個重大事件。

令人驚訝的是，村莊裡並非每個人都願意參加這場慶祝會，因為有些人認為新芽將會帶來厄運。

不久，冒出第一支嫩芽的幾天後，大樹又開始長出其他的芽。短短一個月內，從歐姆布樹的灰色樹根上已經冒出了二十多支嫩綠色的芽苞。

有些人歡天喜地，有些人冷漠以對，但這種狀況並未持續太久。

廣場守衛警告大家，老歐姆布樹開始出現問題了！樹枝上的葉子變得比以往更枯黃、脆弱，隨時有枯萎的危機。曾經光澤飽滿且柔軟的樹皮此刻因缺水而變得乾枯易碎。守衛發表自己的診斷結果：「歐姆布樹生病了。」

或許會就這麼枯死。

那天傍晚，大家在散步之後展開了討論。有些人把過錯歸咎於那些新冒出來的嫩芽，他們的論點是有根據的，因為在新芽長出前，這棵樹的健康狀況很不錯。

至於擁護新芽的村民則說，這兩件事根本毫不相干。萬一歐姆布樹發生意外，這些新芽還能繼續延續老樹的生命。

不知道為什麼，辯論越來越激烈，兩派人馬的看法南轅北轍。直到夜晚降臨，大家同意隔天再繼續討論，先讓彼此冷靜一下。

但是，大家的情緒顯然無法就這麼恢復平靜。第二天，最先自稱是「歐姆布樹守護者」的一群人認為，解決之道就是讓樹回復到以往的樣子。新芽吸收了老樹的精氣，就好像依附在樹上的寄生蟲，所以摧毀新芽是件刻不容緩的事。

而自稱「新芽捍衛者」的一群人則聽得膽戰心驚，他們來參加會議，也是為了找到解決之道。他們反而認為必須砍倒老樹，因為樹的生命已走到盡頭，而老樹的存在只會阻擋新芽吸收陽光和水分。此外，去保護老歐姆布樹已經沒用了，因為無論如何，老樹確實即將枯死。

討論會最後演變成嚴重的爭執，而爭執變成鬥毆，到處都是尖叫和辱罵，甚至有人拳打腳踢。警察趕來勸解，讓大家解散回家。

那晚，「歐姆布樹的守護者」聚在一起討論，他們認為情況實在令人失望，因為那些愚笨的對手根本聽不進任何意見，所以他們決定採取行動。他們帶著修剪樹枝的大剪刀、鐮子跟十字鎬準備偷襲——只要毀掉新芽，情況就會改善。

他們興高采烈地抵達廣場。靠近老樹的時候，他們遠遠就看見另一群人也聚集在老樹旁。那些新生命的捍衛者正打算放火燒掉老樹！

兩派支持者捲入了另一場爭鬥，這次他們手持武器，帶著忿恨與不滿，下定決心要破壞對方守護的對象。

爭吵過程中，好些新芽因為遭到踐踏而受損。而老歐姆布樹的樹幹和樹枝也受到了嚴重的摧殘。雙方人馬中超過二十個人掛彩就醫，身上佈滿程度不一的傷勢。

第二天一早，廣場上演了不同的場景。歐姆布樹的守護者在老樹周圍裝設起鐵欄箍，由四個武裝人員看守。

新生命的捍衛者則挖掘了一個洞穴，在新芽的周圍裝上了流刺網，以防任何突襲發生。

此外，戰況還蔓延到村裡其他角落，各團體為了爭取更多支持，將整個情形泛政治化，強迫其他居民必須選邊站。選擇守護歐姆布樹的人自然與新芽捍衛者的立場對立；而選擇保護新芽的人，也因此對歐姆布樹的守護者咬牙切齒。

最後，他們將整件事情訴諸一個負責維護和平的裁決者。這場審判由村莊小教堂的牧師主持，並約定在下個禮拜天聆聽他的宣判。

觀眾分坐兩側，兩派人馬互相叫囂。喧嘩聲震耳欲聾，現場完全聽不到彼此的聲音。

突然間，大門打開了。在大家的注視下，拄著枴杖的老牧師從走廊緩緩走了進來。

老牧師的年紀應該超過百歲，他年輕時曾參與建立這個村莊，規畫街道，劃分土地，當然也種下了那棵樹。

老牧師一生受到村民的敬重，他所說的一字一句都充滿了智慧。

老牧師謝絕他人伸手幫忙，艱難地獨自爬上了講台，對著大家發言。

「一群笨蛋！」他說，「你們自稱是歐姆布樹的守護者，新生命的捍衛者……守護者？捍衛者？你們什麼也保護不了，因為你們唯一的目的，只是摧毀那些跟自己想法不同的人。

「你們沒有發現自己犯下的錯嗎？你們全部都有錯。

「歐姆布樹並不是一個沒有生命的石頭，它是個生命體。因為如此，所以它有生命週期，這個週期包括了培育新生命來延續自己的使命。也就是說：培育新芽，讓它們成為新的歐姆布樹。

「你們真是一群笨蛋，新芽並不僅僅是新芽而已呀。萬一歐姆布樹死掉，新芽也沒有辦法繼續生存，而如果老樹無法轉變成新生命，那麼，歐姆布樹的生命也將失去意義。

「新芽的捍衛者，既然你們一心急著上路，那就好好訓練並好好裝備自己吧！很快的，你們可能會放火燒掉父母的房子，而他們都還在屋裡。很快的，你們自己也會變老，成為大家的包袱。

「歐姆布老樹的守護者，你們也準備上路吧！好好折磨那些新生命！當你們的孩子們想取代或超越你們時，你們應該準備好隨時踐踏並殺死他們。

「你們自詡『保護者』，但是你們唯一的目標卻是摧毀……

「你們沒有發現自己一再的摧毀，其實也一併毀掉了那些你們想捍衛的東西。

「大家好好反省吧，時間不多了……」

說完這句話的同時，老牧師下了講台，在一片鴉雀無聲中走向大門，然後離去。

故事結束了，赫黑沒再說半句話，而我則無法抑制的淚流滿面。我站了起來，轉身離去。我心裡安安靜靜的，很疲累，但是思緒清晰：有好多事正等著我去做啊！

31 迷宮——「執著」的代價

赫黑寫過一個故事。或許是應我的要求，也或許是他自己想說，搞不好兩者都是，所以他編了一個故事與我分享。

✦複雜到無以復加的迷宮

荷洛卡非常喜歡猜謎，從孩提時代起，他便挑戰了所有的猜字、謎語、迷宮、密碼等遊戲，以及所有的益智問答。

不管成功機率大小，他花費了生命中的大部分時間和腦力，試著解答別人的出題。當然，他並不全然百分百的成功，因為很多到手的謎語對他來說，都過於複雜了。

遇到這種難解的狀況，荷洛卡通常有一套慣性動作——目不轉睛地盯著問題看，因為他是謎語專家，所以只消看一眼，就知道那個問題是否屬於無解的類型。

如果一眼就看出問題難解，荷洛卡會先深深倒抽一口氣，但最後，他還是會硬著頭皮面對挑戰。

這時，一連串挫折感會接踵而來，因為他無法擺脫平日慣性的分析模式。高難度問題、沒有出口的迷宮、錯綜複雜的符號、陌生的文字、棘手的模擬情況相繼出現。

不知道從什時候開始，荷洛卡發現人生需要靠成功來獲得肯定。難道，這個發現讓他開始對猜謎遊戲感到乏味了嗎？

事情是這樣的，在試著解題後不久，他就開始感到索然無味，隨即他丟下問題，內心深處咒罵起那些愚蠢的謎題作者，搞了一些連他們自己都解不開的題目。

此外，他對輕鬆就能解決的題目也提不起興趣，他主張，每個題目都應該依照「解題者」來量身訂做，因為只有解題者本身，才知道自己的程度到哪裡。

最理想的狀況是，每個人能依照自己的程度打造自己專屬的謎題，他對自己喃喃說道。

但是很快地，他發現這種方法讓謎題失去了樂趣，因為作者發明謎題的同時，就已經知道答案了。

懷著半玩耍的心態，加上想幫助別人的念頭，也就是幫助那些跟他一樣喜好解決謎題的玩家們，他開始創作謎語、文字遊戲、數字遊戲、邏輯問答，以及抽象思考題庫。

但是，他的大師級傑作卻是打造一個迷宮。

某個風和日麗的日子，他待在一棟空曠屋子的某個房間，開始搭建迷宮的牆壁，一磚一瓦，按照比例建造出一座巨型的迷宮。

好幾年過去了。他跟朋友們、特約雜誌與一些報刊分享了自己創作的謎題，可是那座迷宮依舊沒有公諸於世，而且還在原處——在他家屋子深處，規模越建越大。

荷洛卡將迷宮的格局越搞越複雜。不知不覺中，迷宮中穿插著更多沒有出口的死胡同。

那座建築逐漸變成他生活的一部分。荷洛卡每天繼續堆疊磚頭，或者將迷宮出口封死，或者延長路徑，把路線圖設計得更加複雜。

我猜想，大約是二十年後吧，原本的房間已經沒有空間繼續擴建迷宮了，於是那座迷宮幾乎自然而然地往屋子的其他角落發展。

想從臥室走到洗手間，必須先往前走八步，左轉後走六步，然後右轉下三個階梯，前進五步，再右轉一次，跳過一個障礙物，接著打開一扇門……

想去到陽台，必須在左邊牆壁彎下身，然後在地上滾幾圈，攀爬一具繩梯到上方的樓層……就這樣慢慢的，他的整個屋子變成了一座巨型迷宮。

起先，他對這個作品非常滿意。在各個走廊間穿梭顯得趣味十足。雖然他自己是設計者，但那些走廊有時還是將他困在沒有出口的死巷，因為要記清楚所有的路徑，簡直難如登天。

這是一座為他量身打造的迷宮，只為他自己量身打造。

此後，荷洛卡陸續邀請過許多人參觀他的屋子，以及跟那座和屋子合為一體的迷宮；但是，就像他對謎語遊戲終究感到索然無味一樣，那些原本躍躍欲試的玩家們，最後也都對迷宮感到興趣缺缺。

荷洛卡甚至還自願當起大家的迷宮嚮導，但沒過多久，所有的人都決定離開。每個人的評價都差不多：「這樣子根本無法生活。」

最後荷洛卡再也無法忍受孤單寂寞，他搬到另一間沒有迷宮的房子，在那個新居，不會再有接待朋友的麻煩。

可是，如果邀請來的朋友是個出色的玩家，荷洛卡就會把他帶回自己真正的家。

就像《小王子》裡那位飛行員所描繪的蟒蛇吞象圖——從裡面看和從外面看——荷洛卡的迷宮只為那些他覺得看得出兩者差異的人而敞開大門。

然而，荷洛卡永遠都找不到想跟他生活在那間迷宮屋子裡的人。

32 九十九俱樂部——為何不滿足？

「肥仔，為什麼？為什麼一個人永遠無法獲得平靜？」

「啊？」

「真的，我常這樣想。我跟加布耶娜的關係經營得很順利，比任何時候都要好，可是我仍然覺得哪裡不對勁——我不知道，我總覺得缺少熱情、火花或情趣之類的東西。當學生也好不到哪裡去——上課、學習、考試都過關了，但不夠，我還是無法滿意，我感覺不到每天的求知慾都能獲得滿足的那種喜悅。而工作方面，我也遇到同樣的挫折——我的工作順利、薪資優渥，可是全都不是我想要的。」

「每件事都這樣嗎？」

「我想是的。我沒辦法停下喘口氣，對自己說：『嗯，現在夠了，已經很棒了。』不論是對哥哥、朋友、金錢、健康狀況……我對所有在意的事都有這種感覺。」

「記得幾個禮拜前，你正為家裡的情形擔憂不已，是不是也有同樣的感覺？」

「是啊，可是在這種假象的背後，其實潛藏著更大的不安。今天的順遂就某方面來說，算是一種『奢侈』，連帶的希望讓其他的一切也臻於完美。」

「也就是說，當嚴重的問題解決之後，也就是你感到憂慮的開始？」

「沒錯。」

「也就是說，當你的問題獲得解決時，就是問題的開始？」

「什麼？」

「喔，我意思是，當周圍的事情都好轉時……」

「嗯……是的。」

「戴密安，告訴我，當你認為周圍事情都有了好轉就是問題的開始，有什麼感覺？」

「我覺得自己像個大傻瓜。」

「已成事實的就是事實。」肥仔說，「滿長一段時間沒講國王的故事了。」

「沒錯。」

「很久以前，有位國王，我們稱他為典型的國王。」

「什麼是典型的國王？」

「在故事裡，典型的國王是指，這個國王掌握大權，坐擁大批財富，住在一座金碧輝煌的宮殿，享用山珍海味，擁有成群的美麗妻妾，而且想要什麼就有什麼。但即使是這樣，他一點也不快樂。」

「喔……」

「故事的設定越是典型，國王的不快樂指數就越高。」

「呵，真是典型啊！」

「真是個可憐蟲啊！」

◆九十九俱樂部

從前，有位非常悲傷的國王。他有個僕人，這僕人和悲傷國王的所有僕人一樣快樂。僕人每天早晨的工作是叫醒國王，然後他會唱著或哼著愉快的街頭小調，為國王送上早餐。僕人輕鬆的臉上總是掛著一抹燦爛的笑容，對生活的態度積極而愉快。

有一天，國王派人召見他。

「侍從，」國王對他說，「你的秘訣是什麼？」

「陛下，您是指哪種秘訣？」

「你的快樂秘訣是什麼？」

「陛下，我沒有任何秘訣。」

「別對我說謊！曾經有人犯了比說謊還小的錯誤，結果被我下令砍頭。」

「陛下，我沒有說謊，我這個人心中是藏不住秘密的。」

「那你為什麼總是看起來心情快活呢？嗯？為什麼？」

「陛下，我沒有理由悲傷啊！這都要感謝您的恩賜，讓我有這個榮耀能服侍您。您也給我房子住，讓我跟家人有個遮風避雨的地方。宮裡還供我們吃穿。此外，您偶爾還會賞我幾枚錢幣！有這樣的好日子，我還能不知足常樂嗎？」

「如果你再不趕快將秘訣招出來，我就下令把你拖出去砍頭！」國王恐嚇道，「你剛剛說的那些理由，根本沒有人會因此就變得快樂。」

「但是陛下，真的沒有什麼秘訣！我最開心的莫過於能夠取悅您，但是我真的沒有隱藏任何秘密。」

「滾！在我叫劊子手來之前，你最好從我面前消失！」

僕人面帶著微笑行禮如儀，然後離開了房間。

國王像瘋了一樣，他無法了解侍從為什麼單單因為有宿舍住、有舊衣穿、能夠吃到朝臣的殘羹，就能活得如此快樂。

國王冷靜下來，召見了一位頗有智慧的大臣，他跟大臣說明了那天早上跟僕人的對話。

「為什麼那個人可以快樂的過日子？」

「喔，陛下，那是因為他在俱樂部之外啊！」

「在俱樂部之外？」

「沒錯。」

「這樣就可以讓他快樂？」

「不是的，陛下。這樣可以讓他不會感到不快樂。」

「嗯……我不太懂你的意思。你是說，在俱樂部裡面，會讓人變得不快樂？」

「沒錯。」

「而他不在俱樂部裡？」

「沒錯。」

「他怎麼走出去的？」

「他從未踏進俱樂部裡。」

「那個俱樂部是指什麼？」

「九十九俱樂部。」

「拜託，我越聽越迷糊了。」

「你讓我做一件事，您就會豁然開朗了。」

「什麼事？」

「讓你的侍從跨進這個俱樂部。」

「好吧！我們逼他進來。」

「不是的，陛下。沒有人可以逼誰進入俱樂部。」

「那麼，要騙他進來嗎？」

「陛下，沒有必要。如果我們給他一個機會，他就會自動送上門了。」

「但他不會發現自己因此失去了快樂嗎？」

「會的，他會發現。」

「那樣的話，他一定不想進來。」

「但是他無法抗拒。」

「你是說，一旦進入這個可笑的俱樂部，他就會發現伴隨而來的不快樂。但即便這樣，他還是會進來，然後甘願被困在裡面？」

「沒錯，陛下。您已經準備好要犧牲一名優秀的僕人，來了解這個俱樂部的意義了嗎？」

「是的。」

「很好。今天晚上我過來找您。請您準備一個皮袋，放進九十九枚金幣。多一枚或少一枚都不行。」

「還需要什麼嗎？需不需要帶上警衛？」

「只要裝著金幣的皮袋就夠了。陛下，今天晚上見。」

「晚上見。」

就這樣，那天晚上，智者依約去找國王。他們偷偷摸摸地溜到宮殿的庭院，躲在侍從家旁邊，就在那裡等到天亮。

屋裡點燃了第一根蠟燭，智者在皮袋上綁了張紙條，上面寫道：

這個寶物屬於你。

這是給你的獎賞，因為你是好心人，好好享用吧！

別告訴任何人，寶藏是如何到手的。

然後，他將皮袋綁在僕人的大門上，敲了幾下，然後躲起來。

當僕人打開門，智者跟國王就躲在灌木叢後，觀察著眼前這一幕。

不久，僕人看見皮袋，讀了紙條，搖一搖袋子。當他聽見袋內金幣清脆的碰撞聲時，身體明顯顫抖了一下。然後他把那只袋子緊壓在胸口。他看看四周，確認沒有人偷窺，然後迅速回到屋內。

國王和智者聽見僕人急忙鎖上大門的聲音。接著，他們鬼鬼祟祟跑到窗邊，悄悄偷看屋內的動靜。

除了那盞照明的蠟燭，僕人把桌上所有的物品都掃到了地上。他坐了下來，把袋子裡的東西悉數倒出來。他睜大著眼睛，彷彿無法相信眼前的這一幕。

那是一堆金幣小山！

他這輩子不曾擁有過一枚金幣，現在卻擁有了一大堆！

僕人摸了摸金幣，然後將它們一一疊好。他輕撫金幣，又拿來燭火照亮這些金幣的表面。他將金幣堆放在一起，然後又攤開，接著，將金幣分成一堆又一堆。

就這樣，他不停地把玩著金幣，每十個金幣就堆成一堆。第一堆有十枚金幣，第二堆有十枚金幣，第三堆有十枚金幣，第四，第五，第六……直到堆完最後一堆……卻只有九枚金幣！

起先，他的視線搜尋著桌子，想找出另一枚金幣。然後他開始趴在地板上找尋，最後拼命地翻找起袋子。

「怎麼可能？」他心想。他把最後一堆金幣放在其他金幣的旁邊，確實矮了一截。

「有人偷走我的金幣！」他大叫：「有人偷了我的金幣，真該死！」

他努力找著，在桌子、地板、袋子、衣服、口袋裡、家具底下……但是，就是沒找到遺失的那枚金幣。

那些堆疊在桌子上的金幣正閃閃發亮，彷彿在嘲笑他，同時也不斷提醒他，這些金幣總共有九十九枚，只有九十九枚。

「九十九枚金幣，這可是一筆大數目！」他想，「但是，終究少了一枚金幣。九十九不是個完整的數字。」

「一百才是完整，九十九不算。」

國王跟大臣從窗戶觀察著屋裡的情形。僕人臉上的表情跟往日截然不同。他的眉頭皺成一團，五官僵硬，一雙眼瞇成直線，嘴角露出一抹可怕的苦笑，隱約可見緊咬的牙齒。

僕人將金幣收好放進袋子，接著看看四周，確信家人沒見到這一切。他將那袋金幣藏在柴堆裡，然後拿出紙筆，坐下來計算。

「需要花上多久的時間，我才能攢夠錢，買到那第一百枚金幣？」

僕人大聲地自言自語。

他下定決心要努力工作存錢。那麼，以後或許就再也不必工作了。

擁有一百枚金幣，就不需要工作。

擁有一百枚金幣，就是個富翁。

擁有一百枚金幣，就可以悠閒度日。

做完計算，他發現如果繼續工作，將薪水跟額外的津貼全部存起來，十一或是十二年之內，他就可以存到足夠的錢買另外一枚金幣。

「十二年真是一段漫長的時間呀！」他想。

或許他可以要求妻子在村裡找份短期工作。再者，每天下午五點從宮殿下班後，他可以晚上去兼差，賺取額外的薪水。

重新又計算了一遍——他想像自己在村裡兼差，再加上妻子工作的收入，那麼其實六年內就可以存到需要的數目了。

還是太久了！

他又想，或許可以把每晚宮殿吃剩的食物帶回村裡販售，換取幾個銅板。事實上，只要當天宮殿裡的人吃得越少，就有更多的食物可以拿來賣。

賣東西，賣東西……

天氣漸漸轉熱，宮殿裡的人幹嘛需要擁有那麼多冬天的衣服？幹嘛需要擁有兩雙以上的鞋？

這是個犧牲，但是只需要四年的犧牲，就可以買到第一百枚金幣了。

國王跟著智者返回了宮殿。

僕人已經掉入九十九號俱樂部的陷阱內……

接下來的幾個月，僕人按照那晚擬定的計畫進行著。

有天早上，僕人撞開大門進入國王的寢室，嘴裡咕噥著，一副火氣不小的樣子。

「你怎麼了？」國王客氣的問。

「沒事，沒事。」

「以前，就是不久之前，你還常常面露微笑唱歌呢！」

「我這不是在工作嗎？陛下，您到底要我做什麼？當您的表演小丑，還是雜耍？」

過了不久，國王忍無可忍地將這名僕人給辭退了。因為身邊跟著一個脾氣陰情不定的僕人，可一點也不好受。

「戴密安，今天此刻，在我們聊天的當下，你務必牢記這則國王與僕人的故事。

「你、我，以及所有其他人，全在這愚昧的思想體系中接受教育。為了達到滿足，我們總覺缺少了某樣東西，而唯有達到滿足，才能享受所擁有的一切。

「因此，我們學到只有填滿那個缺口，快樂才能降臨……

「正因為我們總覺得少了點東西，所以想法都回到原點，也因此，我們永遠無法去享受當下……」

可是會有什麼事發生呢？
如果我們的生活受到啟發，
就這樣，忽然間，我們發現——
手中的九十九枚金幣，
其實是百分百的寶物。
我們什麼都不缺，
沒有人能從我們身邊搶走什麼，
比起九十九……
一百看起來也沒什麼。
這一切不過是個陷阱，
出現在前方的紅蘿蔔誘餌，
讓我們被愚蠢蒙住雙眼，
引誘我們跳下車，
於是，我們筋疲力竭、脾氣暴躁，
無法快樂，屈就一切。
陷阱讓我們不斷鞭策自己，

讓一切在原地打轉。
永遠在原地打轉。
如果我們懂得去享受，
目前擁有的寶物，
多少事物將因此而改觀呀！

「但是戴密安，你千萬要小心：認定九十九是個寶物，並不代表就該放棄前方的目標，也不意味著你應該對任何事都輕易就感到心滿意足。

「因為接受是一回事，而屈服則是另外一回事。不過，這又牽扯到另一則故事了。」

33 半人馬怪——當我猶豫不決的時候

我花了整整一個禮拜的時間，努力思考「九十九俱樂部」的故事。我拼湊出一些片段，但與此同時，某些固有的認知似乎也變得模糊，不再那麼確定了。

當我到達診所，腦袋還是一片渾沌。我不曉得自己到底怎麼了，所以決定還是不要提起這個狀況。

整個療程期間我支支吾吾、閃爍其詞，我們聊到了天氣、度假、車子，還有女孩們。

當療程快要結束時，我告訴赫黑，我好像在浪費治療的時間，我總覺得一點收穫都沒有。

「戴密安，你要記住那個樵夫忘記磨利工具的教訓呀！今天的療程或許無關緊要，甚至有點瑣碎，卻不失為磨利工具的好方法。」

「這麼說來，我大可不必來到這裡。」

「確實沒錯，你大可不必來。對你和我而言，治療的意義並不相同。但是，你仍舊可以選擇不來。」

「你真是個特別的人。」

「當然，你也是啊！」

「沒錯，但是你比較特別。」

「好吧，我接受你的說法。現在回到來不來接受治療的問題。在我念醫學院時，有位婦產科教授，他的個性很開朗，總是在課後多花半小時的時間回答學生的問題。」

「教授，哪種避孕方法最好？」有天，一位女學生舉手發問。

「這位同學，所謂最理想的方法應該是要符合經濟效益，不但容易使用，而且絕對安全……」教授回答。

「但是，有沒有萬無一失的方法呢？」坐在第三排另一位長相清秀的金髮男孩問。

「最可靠、最經濟又容易使用的方法是……」教授回答，「冷水處理法。」

「那是什麼樣的方法？」幾個同學異口同聲地問道，包括那位發問的女同學。

「當你的伴侶要求發生親密關係，你們應該連喝上兩三杯冰開水，而且要小口小口的啜飲。」

「事前還是事後？」

「既不是事前，也不是事後。」教授回答，「而是根本不要去想那檔子事。」

「戴密安，有時當你覺得心不在焉，能夠得到安慰的最好方法，或許是去看一場心愛的電影，或者跟朋友相約見面，再不然就是好好睡他個幾小時。

「就像我那教授說的：既不是事前，也不是事後，而是『不要去想』……如果你最後感覺還不錯，就算有效果了。」

「話是沒錯，可是這樣的話，就必須決定該怎麼做。我認為必須面臨選擇，就是一件困難的事。」

肥仔用嫌棄的表情看著我，我已經猜到他的回應。

「赫黑，你想錯了，我不是指寧可不要選擇，也沒說因此放棄自由……」

「問題在於，你不想面對自己的猶豫不決。」

「當然，我一點都不想！」

「然而，你應該要知道，儘管人類全部屬於同一個群體，實際上卻是由不同的部分所組成……有些部分成長的很快，有些部分較慢……有些部分正面明亮，有些則較為陰鬱黑暗……有些有某種需求，其他的則有別種需求……」

「這麼說來，根本什麼事都無法決定囉？」我抗議。
「那樣也是有風險的……」肥仔說，然後他調整了一下姿勢，靠在地板的坐墊上。
我抓來另一個坐墊，準備聆聽那天的第二則故事。
肥仔繼續說道：
「在我女兒滿五歲以後，我跟孩子的媽持續地添購故事書，然後我們會在睡覺前給她跟弟弟讀故事。其中有一本我們一起讀過的故事書，書名叫《半人馬怪》。我想跟你分享這個故事，我覺得它是為你量身訂做的。」

✦ 半人馬怪

從前，有一隻半人馬怪。他跟其他的同伴一樣，上半身是人形，下半身是馬的軀體。有天下午，他在草原溜達的時候，忽然感到飢腸轆轆。
「該吃什麼呢？」他想，「一個漢堡還是一把苜蓿芽，一把苜蓿芽還是一個漢堡？」
因為猶豫不決，結果什麼都沒吃。
「我該到哪裡過夜？」他想，「馬廄還是旅館？旅館還是馬廄？」
因為猶豫不決，最後徹夜未眠。
因為不吃不睡，理所當然地，半人馬怪生病了。

「要找誰看病呢？」他考慮著，「醫生還是獸醫？獸醫還是醫生？」生了病卻無法決定找誰看病，於是半人馬怪就這麼死了。

村裡的人發現了半人馬怪的屍體，深感悲哀。

「我們應該將他好好埋葬。」他們說，「可是要埋在哪裡？村裡的墳場還是荒郊野外？荒郊野外還是村裡的墳場？」

由於無法做決定，所以他們找來了寫故事的女作家，因為他們無法做決定，只好請女作家改寫這個故事，讓半人馬怪死而復生。

於是，這個故事就這樣反反覆覆地改來改去，永遠沒完沒了，永遠沒有結局。

34 給狄奧根尼兩個金幣——什麼是「我所沒有的東西」？

「我們回頭談談那個俱樂部故事的主題吧！」

「你希望聊這個嗎？」

「我覺得自己可以理解國王跟僕人的寓意。最糟的是，我深有同感。事實上，每次當我看到眼前沒有什麼大麻煩，就會開始設法挑毛病，讓事情看起來沒那麼完美。這個發現令我膽顫心驚，偏偏我常常不由自主地這樣做。」

「生活在現在這個社會，這恰恰是你應該有的感覺。」

「為什麼？」

「因為後工業社會的整體基礎建立在擁有、而非存在的概念上，這像是心理學家弗洛姆（Erich Fromm）會說的話。為了說服自己這是真的，我們在某種公認的「真理」下被養育成長，全都相信這個看似自然的論述，除非我們設法擺脫它。有一句話既可以用來激勵人，又可能是個陷阱。」

「哪一句話？」

「這句話就是：如果能得到我所沒有的東西，該有多幸福呀！

「而所謂我所沒有的東西，並非指車子、房子、優渥的薪水，或者伴侶。我沒有的東西就是——我沒有的東西。換句話說，那是一種不可能到手的東西。

「換個方式說吧，如果我設法得到我沒有的東西，我並不會因此而感到快樂，因為不管那是什麼（車子、房子、女朋友）等，一旦擁有了，它便不再是我所沒有的東西——根據這個論述——惟有得到我所缺乏的東西，我才會快樂。」

「這聽起來像是一個永無止盡的陷阱。」

「也不盡然，前提是，如果你能改變這個論述。」

「如果答案是肯定的呢？」

「任何具有指導性的方針或指令都能加以修改，然後被認可或矯正。但你必須付出的代價是，你一向依附於某種秩序的價值觀可能會因此崩毀。一旦如此，我們會感到迷惘和無所適從，直到找到符合新現實的新秩序。當然了，當我們達到這個境界，我們就會獲得回報：我們會懂得珍惜我們所擁有的東西，並且享受真正的自己。」

✦誰比較需要金幣？

聽說希臘哲學家狄奧根尼（Diogenes）總是穿著一身破衣衫，穿梭在雅典的大街小巷，而且就在門廳裡席地而睡。

話說，有天早上，狄奧根尼還昏睡在某個屋子的門廳前，一位家財萬貫的地主從旁經過。

「早安！」那位很有紳士風度的地主對他打了招呼。

「早安！」狄奧根尼回答。

「這個禮拜對我來說真是個大豐收，所以我特地來奉獻一袋金幣給你。」

狄奧根尼安靜的看著他，沒有反應。

「請收下吧，我沒有別的意思。這些都是我的金幣，而我想要奉獻給你，因為我知道你比我更需要這袋金幣。」

「你還有更多的金幣？」狄奧根尼問。

「當然，」富人回答，「還有更多呢！」

「你不想擁有比現在更多的財富嗎？」

「當然想啊……」

「那麼你就把這些金幣留著吧！因為你比我更需要它。」

這個故事還有另一個版本，說明了接下來的對話是這樣的：

「但是你也需要吃飯，那就需要用到它。」，地主說。

「我已經有一個銅板了。」狄奧根尼拿出來給他看，「這足夠我今天早上去買一碗小麥，或許還可以多買些橘子。」

「我同意你的說法。但是明天、後天、大後天，你還是要吃飯啊！明天你要上哪兒找飯錢呢？」

「如果你能肯定的告訴我，我絕對能夠活到明天，或許我會考慮收下你的金幣……」

35 還是金幣——接受等於屈服？

上一次的療程，讓我在心態上有了些轉變。

我感覺到好像有一件重要且意義重大的事正在發生。

「那是一種覺醒。」赫黑評論道。

「一個覺醒？」我問。

「喔，不是『一個』覺醒，而是『一種』覺醒。你剛剛的描述讓我腦海裡閃過一個畫面，彷彿你正躺在床上，從窗戶望出去，你可以看見天色如何逐漸轉亮。於是，你發現黎明的到來，並注意到應該是起床的時間了。儘管如此，你還是選擇在被窩裡多賴了一會兒。」

「沒錯，那就是我的感覺。」

「嗯，放心！幾乎每個人都有過一樣的感覺。」

「說真的，我很高興自己不是唯一有這種感覺的人，即使那是大家的痛苦……」

「別人的痛苦？」

「你沒聽過一句俗諺嗎：『大家的痛苦，就是愚民的安慰。』」

「真怪，人們總愛賣弄學問。這句俗諺聽起來很正統，可是與原本的說法大相逕庭：『大家的痛苦，就是我的安慰。』」

「原先真的是那樣講嗎？」

「是的。只有狂傲自大的態度，才會去貶低他人的價值。自己遭遇痛苦時，就戲稱那些置身事外的人為笨蛋，捏造一個自己並非孤獨受苦的假象。」

「嗯……這樣的話，我感覺自己好像沒有那麼蠢了。老實說，你剛才的解釋讓我鬆了口氣，我一直以為會遇到這種狀況，是因為自己是個笨蛋。」

「不，那才不是讓你成為笨蛋的原因呢！」肥仔語帶譏諷。

「夠了！好不好？」

「好吧！就這樣。希望你能了解，我不認為你是個笨蛋，我也從未認為你搞不清楚狀況。我認為，你拒絕相信某些方面的發展比其他的方面要來得快，而且你並未了解這種現象其實是很正常的。

「我們並非每個方面都能均衡發展。有些方面可能表現很成熟，而別的方面則略顯優柔寡斷，這是合乎邏輯的。

「所以我剛剛的用語是『一種』覺醒，而不是『一個』。實際上，我們有很多、很多、很多次覺醒的機會。

「或許沒錯，有些人可能因為經歷了『一個』覺醒，突然間就窺見了全部的真理。但是我並不認識這條捷徑，也沒聽說過有人走過……嗯，或許吧，有可能耶穌、佛陀或穆罕默德曾經做到過。」

「但我既不是耶穌，也不是佛陀，更不是……」

「我也不是啊，所以我們最好還是不要變成那樣。我們不能為了追求覺醒，而掉進九十九俱樂部的陷阱。」

「講到這，我想到那天，我正因為九十九俱樂部的故事而頭昏腦脹時，你談到接受與屈服是兩回事，隨即你又說那牽扯到另一個故事。今天你可以說說那個故事嗎？」

「當然沒問題。」

✦又是金幣

很久以前，在一個小村莊的郊外，有著兩間相鄰的房子。一間住著一位運氣不錯的富裕農夫，他身邊總有僕人成群，而且只要是他想得到東西，他都有辦法得到。

另一間是一個外觀簡陋的棚屋，住著一位生活儉樸的老先生，他大部分的時間都花在耕地跟祈禱。

老先生跟富人每天都碰面，碰面時不免聊上幾句。富人會談起自己的財富，而老先生則提到自己的信仰。

「信仰！」富人嘲弄的說道，「如果真如你所說，你的上帝是萬能的，為什麼你不跟他祈求足夠的物資，以免生活這麼困頓呢？」

「你說的有理。」老先生說。然後，他就返回屋裡了。

隔天，當他們又碰面時，老先生的臉上洋溢著喜悅。

「老先生，你怎麼了？」

「沒什麼特別的。倒是，我聽了你的建議，向上帝祈求今早可以得到一百枚金幣。」

「喔，是嗎？」

「是的。我跟上帝祈禱說，因為我的心腸不錯，也一直遵守他的教誨，所以我值得獲得一個獎賞，而我選擇收到金幣當做獎賞。你覺得這個金額會不會太大了？」

「我的看法不重要。」富人語帶嘲諷，「重要的是你的上帝不覺得太多。或許，他認為你只值二十枚金幣的獎賞，或是五十枚、八十枚、九十二枚？誰知道。」

「喔，不！上帝可以決定我是否有資格得到獎賞。但是，我的祈求很清楚，我想要一百枚金幣。我不會接受二十枚、三十枚或九十二枚。我祈求了一百枚，而我非常確定，如果我慈愛的上帝有能力應允我的請求，他會達成我的願望。他不會討價還價，換了我也不會這樣做。祈求的數目就是一百枚，他會送來的。我可不想收到數目不對的獎賞，少一枚都不行。」

「哈哈，你的要求還真囉唆！」富人說。

「就像上帝對我的要求一樣啊！我也會要求祂。」老先生說。

「我不相信你能拒絕收下上帝贈與的錢財，即便是只有二十或三十枚，雖然那不是你所要求的數目……」

「我不會收下少於一百枚的金幣。然而，如果上帝覺得一百枚太少，想要再多給我一些，我會考慮是否接受。」

「哈哈，看來你是瘋了。你想說服我相信你的信仰跟決心。哈哈！我喜歡看你這樣掙扎。哈哈！」

然後，兩個人各自返回了屋裡。

不知道為什麼，富人覺得老先生讓他神經緊繃，真是個厚顏無恥的傢伙！居然敢面不改色地說絕對不收下少於一百枚的金幣。他一定要揭穿這個謊言！

於是，他決定那天下午開始行動。

他準備了一個裝有九十九枚金幣的袋子，然後走到鄰居的家。他看見老先生正跪在地上虔誠的祈禱。

「親愛的上帝啊，請眷顧我的需求。我認為自己有資格得到獎賞。但是請記住，總共是一百枚金幣。如果您送來的數目不對，我是不會滿意的。我想要不多不少，正好一百枚金幣……」

當老先生正在祈禱時，富人爬上了屋頂，從煙囪口扔下了那袋金幣。接著，他開始監視老先生的反應。

當老先生聽到一個從煙囪口掉下來、類似金屬碰撞的聲音，他依然繼續禱告著。不久，他慢慢站了起來，靠近煙囪，撿起袋子，拍了拍上面的煤屑跟灰燼。

然後他走近了桌子，把袋裡的東西全部倒到桌上，在他眼前出現了一堆金幣小山。老先生跪下雙腳，感謝仁慈的上帝所贈與的禮物。

禱告結束後，老先生數起了金幣。有九十九枚金幣，總共是九十九枚金幣！

富人繼續等待著，等著證實自己的論點是對的。這時，他聽見老先生對著天空提高了音量：

「我的上帝啊！我了解您想滿足我這個可憐糟老頭的願望，但是，我也明白天堂目前頂多只有九十九枚金幣，您不希望只因為一枚金幣而讓我等待太久。然而，就像我跟您說的，我不想接受超過或是少於數量一百枚的……」

「真是個蠢蛋！」富人想。

「另外……」老先生繼續說，「我絕對信任您。因此，我願意耐心等候，由您來決定何時補上缺少的那一枚金幣。」

「叛徒！」富人大吼，「偽君子！」

他一邊叫囂，一邊敲開老鄰居的大門。

「你是個偽君子！」他說，「你說過不會收下少於一百枚的金幣，如今卻若無其事地收下那袋九十九枚金幣。你這個人，還有你對上帝的信仰，全都是謊言！」

「你怎麼知道有九十九枚金幣？」老先生問。

「我當然知道，因為那九十九枚金幣是我送給你的，就為了揭穿你只會說大話。是誰誇口說『絕不收下少於一百枚金幣的獎賞』的？哈哈！」

「事實上，我並沒有收下呀！當上帝準備好了，祂就會送來最後一枚金幣。」

「他不會送你任何金幣，因為正如我剛才告訴你的，那些金幣是我送來的。」

「我不想爭辯你是否是上帝派來滿足我的天使。但是，事實就是事實。當我祈求時，一袋金幣就這麼從我家煙囪掉了下來，這袋金幣當然是我的！」

富人的笑容頓時僵住了，表情轉為嚴肅。

「什麼叫做你的？那個袋子跟裡面的錢都是我的，是我送來的。」

「對人類來說，上帝的旨意難以參透。」老先生說。

「你真該死，你的上帝也該死！把錢還我，否則咱們法庭上見。那時你甚至會失去你僅有的財產。」

「我心中唯一的法官就是上帝。但是，如果你指的是村莊的法官，我不介意將問題交給他審理。」

「好，那我們走吧！」

「你要等我先買輛馬車。現在我沒有馬車，像我年紀這麼大的老人，實在沒有體力走到村子裡。」

「不用等了，你可以用我的馬車。」

「感謝你的好心，那麼多年來你不曾幫過我什麼。好吧！但無論如何，我們必須等這個冬季過後再去。天氣太冷了，我沒有大衣穿，依我的健康狀況，根本無法支撐到村莊。」

「這明明就是你的拖延戰術。」富人一臉怨懟，「好吧，我把我的毛皮大衣借你穿，讓你有辦法出門。現在，你還有什麼藉口？」

「這樣的話……」老先生說，「我的確無法拒絕跑這一趟了。」

老先生穿上毛皮大衣，跳上了馬車往村莊出發，而富人則坐上另一輛馬車緊跟在後。

抵達村莊後，富人向法官要求緊急開庭，法官答應了。富人詳細敘述自己的計畫，如何拆穿老先生信仰的謊言，還有怎麼將那袋金幣從煙囪口拋下去。最後，他提到老先生拒絕還錢的行徑。

「老先生，你有什麼話說？」法官問。

「大人！站在這裡跟我的鄰居抗辯，實在是件奇怪的事。這個男人是城裡最有錢的人，但他從未對社會盡過一份心力，對他人從未有過絲毫憐憫之心，所以我不認為自己有抗辯的必要。誰會相信像他這樣的貪婪之徒，會在袋裡裝了近百枚金幣，然後將它丟進鄰居的煙囪裡？我認為這個可悲的男人在暗中監視我的一舉一動，他看到我的錢之後起了貪念，憑空捏造了這個故事。」

「憑空捏造？該死的老頭！」富人叫囂，「你心裡明白的很，我說的句句屬實。連你自己都不相信這是什麼上帝贈予的鬼話，快把袋子還給我！」

「大人，很明顯吧，這個男人已經失去理智了。」

「沒錯！這樁搶劫案讓我失去了理智。我鄭重要求你把袋子還給我！」

法官大為吃驚，眼前這兩人的爭論迫使他必須做出判決。但是，哪個人比較正直呢？

「老吸血鬼！把錢還來。」富人說，「這些是我的錢，都是我的！」

突然間，富人越過了隔開兩人的欄杆，然後像瘋了一般想搶走老先生的袋子。

「秩序！」法官喊，「維持秩序！」

「法官大人，看見了嗎？貪婪之心已經讓他瘋狂了。我猜他搶到錢之後，恐怕又會說什麼我搭的馬車也是他的吧！這種話不會讓我太驚訝。」

「馬車當然是我的！」富人趕緊喊道，「那是我借給你搭的。」

「法官大人，看見了嗎？他可能還想宣稱我身上這件大衣也是他的呢！」

「那當然是我的大衣！」富人大叫，他已經處於崩潰邊緣，「那是我的，全是我的！袋子、金幣、馬車、大衣……全都是我的！全部！」

「住口！」法官說，他心裡再也沒有疑問了，「你有沒有廉恥心？竟然想把這個可憐的老人僅有的少許財產都搶光！」

「但……但是……」

「沒有什麼但是，你既貪婪又工於心計……」，法官繼續說，「由於你試圖敲詐這位可憐的老先生，本院判處你監禁一個禮拜，外加必須賠償五百枚金幣。」

「大人，不好意思，」老先生說，「我可以發言嗎？」

「可以，請說。」

「我認為他已經受到了教訓。雖然他是我的敵人，但是我請求您將監禁判決撤銷，只要判他一個象徵性的懲罰就好。」

「老先生，你真是寬厚又仁慈。有什麼好提議？再加上一百枚金幣？五十枚？」

「法官大人，不是的。我只想要一枚金幣就夠了。」

法官敲下木槌拍板定案：

「由於老先生的寬宏大量，本庭在此判決原告必須賠償象徵性的罰款一枚金幣，並且當庭交付。」

「我抗議！」富人說，「我抗議！」

「如果你拒絕這位好心老先生的提議，那就維持本庭的原判好了。」

於是，富人屈服了，他乖乖地掏出了一枚金幣給老人。

「本案終結。」法官說。

富人快速地奔向馬車，然後駛離了村莊。

法官跟老先生打了招呼之後離開了法庭。這時，老先生抬起頭來仰望天際：

「感謝您，上帝！現在您已經不欠我任何東西了。」

「戴密安，或許現在的你對於接受和反抗，已經具備覺醒的足夠條件了。」

是的，就像肥仔所說：**屈服是一回事，而接受又是另外一回事**。

36 靜止在七點整的鐘——當意氣風發的時候

這陣子，我過得挺意氣風發的。

我感到有股力量從內心忽然爆發開來！不僅努力吸收著知識，這點我倒不想謙虛，而且我覺得我的智慧越來越成熟，腦袋裡的想法更加具體清晰，也更能集中注意力。

這一切都很美好，除了有些小事可能沒有像我預期中那樣發展，但我的態度已經變得能夠冷靜地接受，因此我也覺得自己能毫無畏懼地面對所有的困難。

「肥仔，這太不可思議了！你一直都抱著這種感覺過生活嗎？」

「說說你的看法。」

「如果這種感覺就是所謂的『覺醒』，那麼跟我比起來，你的生活經驗裡應該經歷過更多次的覺醒，你常常抱著這樣的心情過生活吧？」

「不盡然。」赫黑回答：「我也並非時時刻刻都如此。」

「我之前跟你學了一句俗諺：『大家的痛苦，就是我的安慰。』我想問問你，大部分的人的生命中，都有著意氣風發或灰暗難熬的時刻嗎？」

「我相信是的……或許正因如此，從剛才起，我的腦海裡就一直浮現帕皮尼的一則故事，這個故事叫做：靜止在七點的鐘。」

「你要跟我說故事嗎？」

「嗯，雖然這麼精采的故事一旦講出來，反而就失去了幾分精采。但是我還是跟你分享吧……」

「由帕皮尼寫的這個故事，是以個人獨白的方式，在房間內的孤獨氛圍中完成的。」

◆靜止在七點整的鐘

在我的房裡有一面牆，掛著一個已經壞掉的美麗古老時鐘。時鐘的指針，一直以來都靜靜地停留在同樣的位置：七點整。

在這面空蕩蕩的白色牆壁上，那個時鐘一直是個毫無用處的裝飾品。然而，一天裡有兩個時刻，雖然短促，但那只老鐘彷彿鳳凰一樣，從灰燼裡死而復生。

當城裡所有的時鐘都發瘋似的不停前進，而這個時鐘裡的咕咕雞跟鐘擺只會響起七次相同的鐘聲。每天早晚各一次，那個瞬間，我房裡的那只老鐘彷彿重拾生命般，跟宇宙萬物和睦相處。

如果有人只在那兩個時間看到這個時鐘，可能誤以為這個時鐘正完美無缺的運作著……但是，過了那一刻，當其他的鐘停止鳴唱，而指針繼續單調的往前移動，我的老時鐘便失去了節奏，持久地靜止在那個曾經停下腳步的時間。

我真的很喜愛這只鐘，每每談起它，我就更加地喜愛它，因為我覺得自己跟這個老鐘越來越像。

我也停駐在某個時間點，我也似乎無法移動。從某個角度來看，我也是掛在那片牆上毫無意義的裝飾品。

但是，我享受著那些稍縱即逝的時刻，等待著屬於我的時刻悄悄來臨。

這時，我會覺得自己仍然是活著的，一切都變得清晰，世界變得更加美好。比起其他時候，在這兩個時刻我可以創作、作夢、飛翔、說話，並且感受更多的事物。這種和諧的結合一而再、再而三的重複著，彷彿無法拆解的連續鏡頭。

第一次出現這種感覺時，我試圖抓住那個短暫的瞬間，並且深信自己能夠讓這種感覺持續下去，但是徒勞無功。正如我的時鐘朋友，那個瞬間也從我身邊消逝無蹤。

當那兩個時刻消逝之後，駐足在其他人身上的時鐘繼續轉動，我也重新變回行屍走肉的狀態。我回到工作崗位，在咖啡廳聊天，無聊的閒逛……這一切，我習慣稱之為生活。

但是，我知道，生活是另外一回事。

事實上，生活是那兩個時刻的總合，即使猶如曇花一現般短暫，但已足夠讓我們發現宇宙的和諧。

幾乎所有的人都可憐地相信自己活著。

只有一些時刻可以到達頂點，而那些不知道真相、卻又堅信自己需要永生的人，就會墮入灰色的悲慘世界，以及日復一日的生命進程。

因為這樣，我愛你啊，時鐘！你跟我，我們是共同體。

「戴密安，這就是寶貴的帕皮尼式文學的極簡表現，我懇切地建議你抽空去找來讀一讀。我今天說的這個故事，是為了讓你看到很精采的隱喻——或許，我們只有在一些和諧時刻才覺得自己是活著的。或許現在，此時此刻，生命的真實瞬間和屬於你的片刻恰好重疊。如果是這樣，那麼戴密安，請好好享受，或許它稍縱即逝得……太快了。」

一段時間後，我拜讀了帕皮尼的原著故事《靜止在七點的鐘》。就像肥仔所說，這個故事真是無價之寶。即使現在我的書房收藏著這本書，我仍舊無法忘記赫黑自己改編的版本。或許他的版本中沒有那麼多壯麗的表現和意象，但是對當時的我來說受用無窮，就像多年後重新閱讀原著那樣令人神清氣朗、心情舒暢。

37 扁豆——我一定得迎合他人嗎？

再一次的，我的心理治療師又說對了。先前那種神采飛揚、安詳平和的感覺已經消逝，隨之而來的是我對現實永無止盡的困惑。不管對別人，還是對我自己。有一件很小的事情令我挫敗不已——我的一位同事最近獲得受到公司今年以來第三次加薪，他的薪水甚至超過我的薪水了。談到工作表現，我客觀地認為自己做得很不錯。還有，我認為我比別的同事還有能力，做起事來也更有效率。

「這件事的關鍵在於，愛華多根本是個笨蛋。」

「是什麼？」

「他是笨蛋，一頭蠢驢。」

「光用辱罵來定義一個人，還真是奇怪。」

「他總是跟在主管身後，想辦法讓長官看到自己的工作成果和績效。而至於那些他沒辦法解決的事，反而輕描淡寫的帶過。公司主管也不是傻瓜，早就注意到這一點了，我敢說主管一定知道。但問題是，愛華多不是炫耀自己的工作成效，就是一直在主管面前狂拍馬屁。」

「看來，那位主管似乎對這方面沒有招架能力。」

「我想是的，因為在分紅加薪時，那個馬屁精總是排第一。」

「你跟主管談過這件事嗎？」

「當然囉。主管說我總是質疑眼前的一切，還說我個性太差，這樣下去會打低我的考績。」

「用另一種方式來說，正如你所說的，如果你表現的跟愛華多一樣八面玲瓏，你所獲得的獎勵就是更多的晉升機會、考績更佳、薪水更高？」

「是這樣沒錯。」

「嗯……那一切不就很清楚啦！你知道目標在哪，要怎麼做，也具備達成的條件。那你還在考慮什麼呢？剩下的就看你願不願意付諸行動了。」

「我拒絕。」

「你拒絕什麼？」

「我拒絕為五斗米折腰，只為了多賺那麼一點薪水……」

「戴密安，我覺得這個想法很好。但是，你不要以為這種事情只發生在職場上。」

「我不知道這跟別的領域有什麼關係。但是，就我本身的經驗來看，我知道沒有什麼事只單純發生在一個地方，所以，我不確定這是不是只發生在工作上。我不知道！」

「在之前，里加多沒有挑選你去參與學院的演出，反而選擇了讓璜安去參加，那時你是不是也有同樣的感受？」

「沒錯。」

「幾個月前，當你跟我說，你女性朋友勞拉刻意疏遠你，她寧可跟那一大票只會對她說好話的朋友在一起，你是不是也有同樣的感覺？」

「是的！都一樣……最後為了不讓自己被孤立，你必須逼自己戴上面具去迎合大家。」

「請用第一人稱……」

「如果我不想變得孤立無援，我就必須逢迎拍馬，身段要更柔軟。我必須閉上嘴巴，或者開口只會說『好』……」

「毫無疑問，這也是一條路。而另外一條路，就屬於狄奧根尼了。」

「狄奧根尼的什麼？」

「狄奧根尼的路。」

✦扁豆

有一天，狄奧根尼正在吃一盤扁豆，他隨意地坐在某戶人家的門檻上。在整座雅典城，再沒有什麼比一盤扁豆還要便宜的食物了。換個方式來說，當你吃著扁豆，就意味著你的生活陷入了困頓。

某天，一位皇室大臣打從那裡經過，跟他說：

「喔，狄奧根尼！如果你能學著順從點，多讚美皇帝幾句，你就不用老是吃扁豆了。」

狄奧根尼停了下來，抬起頭，目光犀利地盯著眼前這位家財萬貫的男子，他回答：

「兄弟，你真是可憐啊！如果你肯學學多吃點扁豆，就不用對皇帝百依百順，也不用拍那麼多的馬屁了。」

「這就是狄奧根尼所選擇的路，一條擁有自尊的道路，他認為捍衛自身的尊嚴，比得到別人的肯定更重要。

我們每一個人都需要獲得他人的肯定。但是，如果必須放棄自我，這個代價實在過於高昂，而且還會變成一場盲目的追尋——我們會跟騎驢的男子一樣，踏遍整座村子找尋自己的驢子，其實啊，他正騎在……那頭驢子上。」

38 渴望被人讚美的國王——什麼是昂貴？什麼是廉價？

「我想了很久，然後發現，有很多事情要付出的代價真的太高了。這個發現讓我心裡不太好受。

「我有一種捲入輪底但又無法掙脫的感覺，有什麼方式可以提前知道該付出的代價是昂貴、廉價或是合理呢？如果是個商品，那很容易可以分辨這些東西的價值，因為價錢已經定好了。但如果是其他東西，評估的標準是什麼？」

「嗯，我們得先了解你為什麼覺得貴。你所謂的代價高昂，是什麼意思？」

「代價高昂就是代價極高。」

「我們從商品的角度來看好了……一萬塊算多嗎？」

「是啊，當然。」

「那麼一架波音客機賣一萬塊算貴嗎？」

「嗯，這要看是對誰來說，對我來說是的。」

「為什麼？」

「因為我的帳戶裡沒有一萬塊錢，目前也不可能攢得到。」

「不是這樣的，戴密安。你把『昂貴』跟『高價』的定義搞混了。不管你手中有沒有錢，一架波音客機賣一萬塊是很便宜的。」

「那要怎麼分辨呢？」

「用來定義一個東西到底是昂貴或廉價，是比較它的價錢高低跟它的價值多寡，而不是用價錢去比較你的存款。戴密安，所謂的昂貴，意思是，說那個東西超過它本身的價值。」

「超過本身實際的價值……當然，所以有很多事讓我覺得要付出的代價高昂……現在我明白了。」

「你口中的事情並非商品。」赫黑繼續說，「有時候，這些事情也是過於主觀，只有身在其中的人能去判斷這個代價是否合理。但是，我們每個人都擁有珍貴的資產，而且我認為，我們並不知道如何進行全面的評估，好比說，尊嚴。自我尊嚴和自我尊重就像我曾經跟你說過的那樣珍貴，如果要達成什麼事的代價是失去尊嚴，那麼這個代價永遠過於昂貴。」

✦渴望受人膜拜的國王

有一位國王飽受空虛之苦，而空虛這種東西的後遺症，總是導致人瘋狂。

這位國王派人在宮殿後花園裡建造了一座寺廟，寺廟裡豎立著一尊他自己擺出蓮花坐姿的大型雕像。每天吃完早餐，國王就進入自己專屬的寺廟，五體伏地地跪倒在自己的雕像前，深深的讚嘆並佩服自己。

有一天，他覺得只有一位信徒，實在稱不上是偉大的宗教，他想增加更多的追隨者。於是他對所有的皇家衛兵下令，一天至少一次，每個人必須在雕像面前跪下膜拜。從僕人到大臣，所有的人都必須遵守命令。

隨著時間過去，國王的瘋狂行徑有增無減，他已經無法滿足只有身旁的人這樣做。有一天，他派遣皇家衛兵上市場去，抓回了三位民眾。

「對於這三個人……」國王心想，「我要表現出信仰的力量，我要求他們跪在我的雕像前，如果他們夠聰明，就會照我的話去做，如果他們抗拒，就沒有活下去的資格。」

衛兵到了市場，抓回了智者、教士跟乞丐，他們正巧是頭三個被衛兵碰見的人。

這三個人被帶往寺廟，來到國王的跟前。

「這尊雕像是獨一無二的真神哪！」國王對他們說，「趕緊跪下，否則你們的小命就會被拿來當祭品！」

智者心想：「國王已經瘋了，如果我不鞠躬，恐怕小命不保。很明顯這是不可抗拒的脅迫，如果我為了保命，為了我所服務的社會而懷著不夠虔誠的心意去膜拜他，應該無可厚非！」於是，他就在雕像面前乖乖的跪拜。

教士心想：「國王得失心瘋了，剛才的威脅一定說到做到。我是上帝挑中的選民，所以我的精神和行為仍是神聖的，反正無論我做些什麼事，我願意頌揚的只有真正的上帝。」

於是，他也在雕像前下跪了。

輪到乞丐，他卻不動如山。

「跪下！」國王命令。

「陛下，我並不虧欠這個城鎮任何東西。事實上，不知道有多少次，人們還將我趕出大門。我也不是什麼天選之人，只有幾隻跳蚤願意繼續待在我的頭髮裡。至於我這條小命也沒有多值錢，所以我不必為了苟延殘喘而去做那些可笑的事。陛下，我實在找不到什麼理由讓自己屈膝跪拜啊！」

據說，乞丐的這番話深深撼動了國王，他開始檢討起自己的作為。最後，國王終於清醒，他派人將寺廟改建為水池，而那尊雕像也換成了色彩繽紛的大花盆。

39 十誡——如何面對自己的黑暗面與光明面？

故事裡的國王因為乞丐的一番話而大夢初醒，進而反省自己的人生，但是上次療程結束後，我的思緒完全呈現僵滯的狀態。

我再次感到眼前有扇窗簾被拉開了，接著數不盡的各種狀況、事件、思緒、動作開始在我腦袋裡失序的胡亂飛舞，一個接一個、一個接一個……

自從我了解到「昂貴」與「廉價」這兩個詞的意義後，原來的人生經歷似乎都有了不同的意義。

我的生活一路走來，已經為多少東西付出過度昂貴的代價！又有多少東西，我竟未發現它們是多麼廉價！貪婪與揮霍，竟是同一個錯誤的兩端。

貧窮與浪費，兩種特質都同時存在我的身上，在我體內共生，成雙成對卻又奮力地想分開，相互競爭、一起出現、一起主導……就是赫黑常講到的兩極遊戲啊。

世間萬物生來都是兩兩對應的，這個想法多麼瘋狂無理，原來每樣東西都是正反共存。

「每個哲基爾醫生背後都有一個海德先生❶。」

「一直都是這樣嗎？」我問赫黑。

「是的，戴密安，一直都是。因為我們生活的這個世界是由『陰』跟『陽』組成，這兩種元素的結合，形成了一個獨一無二且不可分割的整體。這兩大塊可以分開來看，但只限於用來理解，它們是無法各自存在的。你看……」

肥仔起身走向櫥櫃。他打開了凌亂的櫥櫃伸手翻找著，拿出一支手電筒。他按下開關，可是手電筒沒亮，他隨意甩了三、四下，終於亮了。然後，他關掉房裡的電燈，用手電筒的光線照亮窗戶，窗上垂掛著一扇放下的百葉窗。

「看到光線沒？」他問我。

「有啊，當然看到了。」

「為什麼？」

「因為手電筒是亮著的。」我回答著，摸不清他到底要做什麼。

---

❶ 譯註：史蒂文生（Robert Louis Stevenson）的暢銷小說《化身博士》（*Strange Case of Dr Jekyll and Mr Hyde*），故事描述擁有雙重人格的哲基爾醫生（Dr Jekyll）性格善良，而他的另一面人格名叫海德先生（Mr Hyde），是個萬惡之人。

「現在，請你拉起百葉窗。」

我照著他的話做了。

「現在呢？」肥仔問，手電筒的光依舊照向窗戶，從窗戶可以看見正午的陽光直射進房裡。

「什麼現在？」我問。

「現在手電筒的光有沒有亮？」

「不知道。」

「什麼，你看不到燈光嗎？」

「嗯，現在看不到。」

「你知道原因嗎？」

「喔，是因為陽光啊……」我試著解釋。

「你看不到光線，是因為光的顯現需要黑暗的陪襯。看到沒有？如果反面的事物存在，正面的事物才能被看見。就是因為這個道理，所以有光明跟黑暗，白天與夜晚，雄性與雌性，力量與軟弱……」

肥仔關掉手電筒，將把它扔回了櫥櫃，然後坐下來繼續說著，一副著迷的模樣。

「世界的外部就是這個面貌，當然世界的內部也是如此。如果我們的內心沒有弱點，我們如何能發現自己比較強韌的那個部分？如果我們不曾無知，如何開始學習？如果沒有男女的分別，我們如何成為男人跟女人？還有，如果不是我們的基因帶有兩種性別，如何知道我們出生時到底是男孩還是女孩？

我們所有的特質、條件、美德和缺點都有相對的一面，完整地存在我們的身上。我想說的是，我們不一定都是善良、聰明或勇敢的。我們的良善、才智、勇氣一直與我們的邪惡、愚蠢、懦弱並存。

我們都聽說過，那些自以為優秀且急於表現的人，事實上都隱藏著相當自卑的情結，這個說法是正確的。

我們其他部分的性格特徵也是如此──當某一項特徵特別突出，並不代表真的比身上的其他方面優秀，而且你往往會發現，這種優秀只是歷經一番嘔心瀝血的努力之後才達到的成果，這樣的努力，目的是為了隱藏、避開、抵抗或壓制相對陰暗的一面。」

「照這樣看來，那麼每個善良的人背後都隱藏著一個他媽的壓抑人格！」我忿忿不平地打斷了肥仔。

「我倒不敢肯定都是這樣，我只說有時候是這樣……而且，我敢打包票，這個善良的人必須採取手段來對付自己醜惡的一面。我認為這絕非不用付出代價的，而且代價相當可觀。或許，最重要的，還是知道你自己到底隱藏了哪些面向，以及為什麼要這麼做。」

「夠了！」我抗議道。

「看來你快要發火了，我還是趁你離開之前，先說個故事給你聽吧。」

✦十誡

故事上演的地點是天堂。天堂的大門口聚集了幾百個靈魂，全都是當天離開人世的男男女女。

聖保羅是天堂入口的守門人，他正試著疏解眼前水洩不通的景況。

「根據上級指示，我們會依據每個人是否遵守十誡，把這些靈魂分為三群。」

第一群，是違反所有誡條至少一次的人。

第二群，是違反十誡中至少一誡的人。

而最後一群，我們認為人數應該最多，就是那些一生中從未違反過十誡中任何誡條的人。

「那麼……」聖保羅繼續說，「現在，那些曾經違反十誡中所有誡條的人，請站到右邊。」

幾乎一半的靈魂都站到右邊去了。

「現在……」他宣布，「剩下的人，曾經違反過任何一條誡律的，請站到左邊。」

剩下的靈魂幾乎都移動到左邊去了。嗯……幾乎全部。

最後，只有一個靈魂除外。

那個站在中間的靈魂，他生前是一位心地善良的男子。終其一生，他都朝著負責、善良和正直的目標邁進。

聖保羅大為吃驚，居然只有一個靈魂符合善良的標準。

「大家聽著，按照這個分法，這個留在中間的可憐男子，非但無法因為自己的福報而受益，反而會像蚌殼一樣被無止盡的寂寥所包圍，我覺得我們應該想個辦法解決。」

上帝站了起來，走到大家面前宣布：

「好吧！現在有悔意的人可以得到寬恕，生前的錯誤一筆勾銷。懺悔的人可以回到中央，重拾純淨無暇的靈魂。」

慢慢的，全部的人開始往中央移動。

「停！不公平！叛徒！」有人出聲，正是那個不曾犯過戒的男子，「這樣的話，就一點價值都沒有了！如果你們及早跟我說，我所有的錯誤終將被寬恕，那麼我就不會虛擲光陰了……」

40 道場裡的貓——不按照標準做法的後果是什麼？

「肥仔，如果我想去度個假，會怎麼樣？」

「什麼怎麼樣？」

「我們會怎樣，這個療程會怎樣？」

「戴密安，我不懂你的意思……」

「我想問的重點是，我有權決定暫時拋下這個療程，然後去休息度個假嗎？」

「聽著，我不曉得你究竟想問什麼，我試著把邏輯整理一下。如果你是在問我，是否現在可以把療程擱在一旁，先去度個假，我的答案是當然可以！此外，我真心認為，只有當你下了決心，才有力量繼續在這段療程中繼續下去。」

肥仔跟我講這些話時所露出的笑容深具撫慰效果，我本來是打算請求度假許可的，而今天碰到的赫黑不但樂見我去度假，甚至好像巴不得我趕快去度假似的。

「肥仔，告訴我，你會想念我吧？」我問著，期待得到肯定的答案。

「戴密安，你是吃錯藥還是怎麼了？你先問是否可以去度假，我答應了，然後你又問我是否會想念你……你到底期待得到怎樣的回答？」

「赫黑，其實對於收到心理治療師否定的回應，我已經習以為常了，雖然那種無力感還是讓我驚恐不已……」

「你是不是想告訴我些什麼？」

「那些我所認識的心理治療師，好一點的情況下，他們的第一個反應是：去度假，就是拒絕接受治療的前奏了。」

「但是你無從猜測我對度假這件事的反應啊！」

「照理說是不能，但是還有另外一種可能，你可能會朝著我大吼大叫，對我生氣，然後把我趕出去。」

「唉喲！好吧，現在讓我來談一談——這樣就可以證明你在我心中有多麼重要，你的離去是多麼的讓我心痛，我真的無法忍受你不在身邊的感覺。」

我羞赧不已，好像自己一絲不掛那般。

「好吧，跟你說實話。」肥仔說，「沒錯，我的確在意你的離開，因為我還滿喜歡你的。但是，你的離開並不會讓我心痛，因為我相信那是你的選擇。事實上，如果要說出『我無法忍受你的離開』這種話，我也實在說不出口。說真的，我既不會發火，也不會掛念你。」

「那另外一種可能……」我欲言又止。

「哪一種可能？」肥仔鼓勵我把話說完。

「另一種可能就是你允許我去度假，就像你現在做的。」

「這樣還有什麼問題？」

「如果是這樣，那就沒什麼問題了。」

「我越聽越迷糊了。」

「然後呢？」

「然後？」

「當我想回到這裡的時候……」

「你何時想回來？怎麼了？」

「還能夠回來嗎？」

「戴密安，你為什麼不能回來？」

「因為我身邊有治療經驗的朋友都勸我，中斷療程的後果很可怕。好比說，可能會憂鬱復發導致失眠，或是造成其他不堪設想的後果。我不但會懷疑心理治療師是否還有時間再照料我，甚至有的心理治療師會抱持著根深柢固的觀念，那就是，『離開的病人，無法再回頭。』」

「喔！現在我知道你為什麼會這麼小心翼翼的提問了。我個人的看法是，你隨時可以去度假，想回來的時候就可以回來。重要的是雙方都感到自在，並且符合治療型態的效益。當然，還得確定病人持續有在進步中。」

肥仔停頓一會兒，啜飲了一口馬黛茶。

「我們經常可以看到適用某些情況的某一套標準，在被廣泛使用之後，反而變得荒謬可笑。」

「經常這樣嗎？」

「是的，經常這樣……你想聽個故事嗎？」

✦道場裡的貓

很久以前，有位印度教古魯導師和他的信眾住在印度的某個道場裡。

每天黃昏時刻，古魯會聚眾講道。

某一天，道場裡出現了一隻美麗的貓。不論古魯走到哪，牠都緊跟在後。

每當古魯開始講道時，這隻貓總是穿梭在信徒之間。這個舉動嚴重分散信眾聆聽講道的注意力。

於是，古魯決定，每次開始講道前五分鐘，他就先派人將這隻貓綁起來，這樣就能解決貓兒鬧場的困擾。

時間就這麼過去了，直到有一天古魯去世了。

年紀較長的信徒繼承了師道，成為道場裡新的精神領袖。

開始講道的前五分鐘，他也派人將貓兒給綁起來。

他的助手花了二十分鐘才找到那隻貓，並且將牠綁住。

又過了很長一段時間，有一天，那隻貓死了。

於是，新任的精神領袖又派人抓來了另一隻貓，並且將牠給綁起來……

41 測謊器——為什麼別人要對「我」說謊？

「我真是受夠了！」我喃喃抱怨。

「戴密安，什麼受夠了？」

「有人對我說謊！我實在受夠了有人撒謊。」

「為什麼人家說謊會讓你那麼生氣？」赫黑問，他的表情看起來，就好像我抱怨的是下雨會淋濕……

「什麼為什麼？因為那很可怕呀！我討厭人家騙我、詐欺我，誘導我掉入狡詐的陷阱裡。」

「誘導你掉入陷阱？他們做了什麼？」

「就是說謊！他們說謊。」

「可是戴密安，光是這個理由也未免太牽強了。他們可能會說謊好幾天，這時候你正好可以聽他們如何圓謊，以此為樂……」

「但是赫黑，我還是被騙了啊，枉費我一直很相信他們……一個蠢蛋在我面前隨便編個謊言，我居然就深信不疑，我真是個傻瓜！」

「你為什麼要相信他們？」

「因為……因為……我哪知道為什麼會相信。真是他媽的！」我吼著，「我不知道！我不知道……」

肥仔靜靜地看了我一會兒，然後補充道：

「你很清楚不要發脾氣的道理，可是現在你已經怒火中燒。能夠不讓自己生氣是最好的，想個辦法來消消怒火吧！」

我明白肥仔說那句話的意思。

赫黑說過，怒氣、愛情和傷悲不過是身體裡的情感電池，感覺則是供給電池動力的能源。如果缺少了動力，情感就會失去功用，而想要切斷動力，就會喪失心智，迷失、魂不守舍……

而我反應則是：設法阻止那個狀況，控制瀕臨潰堤的情緒。

我的心理治療師此刻躺臥在地板，身體挨近一個大型靠墊，然後他把靠墊放在自己前方。他沒有說一句話，只是拍了拍靠墊，邀請我跟他一起這樣做。

我知道他的意思。於是我默默挪了過去，坐在靠墊旁，開始拚命揮拳槌打。

越打越用力。

越打越用力。

越打越用力。

我打了又打……打了又打……

然後，我打了又打。

接著，我高聲尖叫。

又開始高聲辱罵。

然後握著拳頭繼續搥打。

搥打……

搥打……

直到我倒下不停喘氣，而且筋疲力盡……

等到我呼吸恢復正常，肥仔把一隻手搭在我的肩上問：「這樣舒暢多了吧？」

「沒有！」我說，「好吧，或許有一點，但談不上舒暢。」

「那是你覺得。」赫黑說，「我認為減輕一點負擔總是件好事。」

我靠在他的胸前，放任自己尋求慰藉。

幾分鐘過後，赫黑問：「你想不想告訴我究竟發生了什麼事？」

「不要，肥仔，不需要。只是無關緊要的芝麻小事罷了。至少現在我恢復理智了。現在最重要的，是了解說謊到底對我造成了什麼影響，我感覺情緒失控了。」

「嗯……我們找個起頭吧！你試著就你認為發生問題的地方，大概簡單說給我聽。」

我坐在地板上哼了哼鼻子，然後試著開始陳述。

「事情發生的經過是……」沒想到，肥仔竟然打斷了我的話。

「不，不，不……你就用打電報那種方式來說，好像吐出每個字都要花很大的力氣那樣。試試看！」

我想了一會兒。

「我討厭人家對我撒謊。」終於，我說了出來。

我覺得很滿意。

那是一個句子。

九個字。

確實是簡單明瞭的訊息。

我瞟了一眼肥仔，沉默不語。

我決定試著把那句話稍作補充，讓句子聽起來更具有真實性：

「我非常討厭人家對我撒謊！就是這樣！」

赫黑露出一抹微笑，那種表情透露著善解人意的慈祥。有時候我以為這種表情的意思就是「你真傻呀，孩子！」要不就是送上一個溫暖的擁抱，意味著「我在這裡」或「沒事了」。

「我很討厭……」我重申。

「人家對你撒謊。」赫黑接我的話。

「人家對我撒謊！」我說。

「人家對『你』撒謊。」他再次指出。

「沒錯，人家對『我』撒謊。」我真不知道你幹嘛這樣重複好幾次，「你在笑什麼？」我問。

「我沒有笑啊，我只是表情放鬆而已……」

「怎麼回事？」我問，「請問現在是什麼狀況？」

「你剛剛那個行為似曾相識。我不是因為在書上讀過對這種行為的描述，才覺得似曾相識，而是因為我這一生中大部分的時光裡，經常碰到那個行為……。我微笑，是因為看見這種行為的熟悉感和認同感，彷彿就在你身上看到了以前的我……」

「肥仔，你跟我講這些沒有用。光是知道你遇過同樣的情況，對我來說是不夠的。知道世上的人都曾經迷失在同一條路上，對我並沒有安慰效果。對今天的我來說，這是不夠的！」

肥仔的臉仍舊一副慈藹的菩薩表情。

「那我知道了，我知道這對你來說還不夠。但是，你要走了嗎？」

「還沒呢！」

「嗯，那麼，你先冷靜一下。如果你想知道我微笑的原因，我跟你解釋吧！」

赫黑坐回了自己的沙發。

「你討厭人家對你撒謊。」

「沒錯！」

「為什麼你覺得他們撒謊？」

「為什麼我覺得他們撒謊？因為他們告訴我某些事情，後來我發現那不是真的。」

「喔！但是，你把『說實話』和『沒有撒謊』這兩件事搞混了。」

「怎麼？意思不一樣嗎？」

「八竿子打不著。」

我那理論上合乎邏輯的思路，好像猛然撞了牆。唯一讓我感到安慰的，是就像赫黑所說的，迷惑是通往豁然開朗之路的入口，而照我現在滿腦子疑問的狀況看來，我鐵定是站在通往光明的門檻處了。

「當然囉。」赫黑開始說話。

「只有對你來說是當然的！」我打斷他。肥仔露出燦爛的笑容。然後他說，「講不講實話，跟是否說謊，完全是兩回事。我給你舉個例子。」

✦測謊器

多年前，世界上出現了第一個測謊器，所有的律師和研究人類行為的學者都為之著迷。這種儀器是由一連串的感應器所組成，可以檢測出身體的各種生理變化，包括流汗、肌肉收縮、脈搏變化、眼睛的顫抖和轉動，這些都是人在撒謊時身體會產生的反應。

當時，這種儀器被叫做「實話機」，這個名稱是累積眾多經驗所得出的結論。

有一天，有位律師做了一個非常特殊的調查。他把測謊器搬到城內的精神病醫院，然後讓一名住院病患坐在儀器前，這個病患叫瓊斯。瓊斯先生是一名精神病患，當他發病時會語無倫次，總認為自己是拿破崙。或許因為他曾經熟讀拿破崙的歷史，所以對拿破崙的生平可謂瞭若指掌。而且他能用第一人稱來敘述，準確無誤地道出這位偉人的生活細節，完全合乎邏輯與連貫性。

醫師們讓瓊斯坐在測謊器前，在按照標準程序調校好儀器之後，問他：

「你是拿破崙嗎？」

病患想了一會兒，回答道：

「不是呀！你們怎麼了？我是瓊斯啊！」

除了測謊器操作員，其他人都噗嗤笑了出來。

而操作員則告訴大家，瓊斯先生的狀態是在說謊！

原來，當病患說了實話（也就是說，當他說自己是瓊斯）時，機器竟顯示為說謊的狀態——因為，他堅信自己就是拿破崙啊！

42 我是彼得——為什麼說謊？

當一個人說了實話，卻可能是在說謊；或者反過來，當他在說謊，卻可能是在說實話？想到這裡，我的腦袋一團混亂。

「赫黑，這太可怕了！」我說，「這就意味著，要定義一個人是否說實話，根本是件完全主觀的事。而且，是否說實話也成為一種相對的概念。」

「是啊，剛剛跟你談了那麼多，其實混淆不清的正是撒謊的定義，而不是說實話的定義。實話可以屬於一種絕對的存在，雖然我們必須承認有人把謊話講得跟真的一樣，好像那樣就不算撒謊了。然而，由於我們對實話的認知和我們本身的信念緊密相關，於是我們最後總是會掉入一個預設的結論（此外還跟這個或那個原因相符）：實話與否是相對來說的，以及，主觀的。容我多說一句，實話的內容也是變化莫測而且偏頗的。」

「沒錯。」我贊成，「但是，這還是改變不了我先前跟你抱怨的事。我討厭人家對我撒謊。也就是說，不管這麼說正不正確，我討厭人家告訴我那些並非事實的話語。不管那個人的話是否相對來說主觀或偏頗。我就是討厭人家對我撒謊。」

「那麼，為什麼你認為他們在撒謊？」

「你又繞著同樣的問題打轉了！」我說，「又來了。」

「我想問的是，為什麼你認為他們是在對『你』撒謊？」

「什麼為什麼？我已經說過，他們就是對我撒謊。」我惱火的說。

「稍安勿躁。我認為一個人撒謊，就只是單純的在撒謊。換句話說，他不是對『你』撒謊，或者是對『我』撒謊。反正就是一個單純的撒謊行為，頂多是對他自己撒謊。」

「才怪！」

「是這樣的，戴密安。為什麼一個人會撒謊？好好想想……為了什麼？」

「我怎麼知道？有千百種理由啊……」

「告訴我一種就好……那個造成你氣呼呼來到這裡的理由。」

「有人為了隱瞞自己搞砸的事而撒謊。」

「那麼他這樣做，是為了什麼？」

「為了讓別人沒有機會批評他。」

「為什麼要讓別人沒有機會批評他？」

「因為那個人知道會被別人責罵。」

「為什麼那個人知道會被別人責罵？」

「因為別人會在意他幹的好事。」

「然後呢？」

「然後……他不想替自己闖下的禍收拾殘局。」

「也就是說……不想負責。」

「沒錯！」

「好吧，我們稱這個叫做百分之九十九的說謊動機。」

「我覺得正是這樣。」

「好吧。那撒謊者怎麼知道要負責？誰把責任加諸在他身上？」

「沒有人啊……是他自己。」

「沒錯！是他自己。」

「然後呢？」

「你沒注意到嗎？撒謊者並不是害怕別人的批評，也不怕被批評後接踵而來的責罵。撒謊者已經先對自己提出了批評和譴責了。明白了嗎？撒謊這種行為，代表他本身已經先行自我批評了。說謊者想隱瞞的是自我批評、自我譴責，還有自身的責任。就像我跟你說的，問題不是出在別人身上，而是在撒謊者自己的身上。」

我呆若木雞地愣住了，從赫黑口中吐出的話的確是真的。我早就知道是這麼回事，因為我早已從裡到外看得清清楚楚。當我撒謊時，就已經開始對自己批評和責難了。

「但是，他對我撒謊的這件事仍無法改變！」

「的確是無法改變，就像我母親曾經提到我的小弟卡丘：『我做的東西他都不吃！』我的小弟不吃『她』的燉肉，不喝『她』的湯，不嘗『她』那『營養豐富的布丁』……」

「不，那不一樣。當有人對我撒謊，他是對『我』這個人撒謊。」

「不是的，戴密安。我知道，你認為世界以自己為中心。事實上，你就是這樣。但是，你並不是世界的中心。別人撒謊，但絕不是針對『你』撒謊。他想撒謊是因為那是他的決定，因為他願意或者他想要，這是『他』的權利。對『你』撒謊的這種說法，會導致你陷入一種自我指涉的荒唐行為，硬是把他的問題轉嫁成『你』的問題。何苦庸人自擾！」

「但是，那真的是他的問題嗎？」

「當他利用撒謊來規避既有的責任，這就是一種病徵。我們曾經看過多少個例子，精神官能症到頭來不過是一種拒絕長大的方式罷了，為的是逃避與成長伴隨而來日益增加的責任。」

「我不知道，我得好好想一下。日常生活中，那些占盡便宜的總是撒謊者，而不是那些庸人自擾的人。」

「即使是這樣，譴責他們對心理健康一點幫助也沒有。而且，這些人是否得到好處，那要看你怎麼想了。

「單靠撒謊就想把事情扭轉過來絕非易事。我認為，一個謊言頂多只能暫時讓事情往撒謊者所期望的那樣去發展。（即使他心裡明白這種方式是錯誤的，而且也不真實，就像一團用謊言組合而成的紙黏土。）」

「我們不會為了那個原因而撒謊，也許我們說了謊卻不自覺……總而言之，我認為我如果撒謊，也會設法控制好狀況。」

「也就是說，練就說謊的功力……」

「沒錯，就某方面來講，就是說謊的功力。我永遠是那個對事實真相瞭若指掌的人。我要對你採取行動，我要欺騙你，我要欺詐你，我要對你發火……很討人厭的功力，但畢竟是一種本事。」

「要不要聽我說個故事？」

已經有好一段時間沒聽到赫黑說故事了。

「好啊！」

「嗯，這勉強算是個故事吧！」

◆我是彼得

從前，有間破爛不堪的酒吧，坐落於城裡髒亂的社區。那個骯髒污穢的環境就好像暗黑的偵探小說中所描繪的那樣。酒吧的角落裡，昏暗的燈光加上香菸煙霧彌漫，幾乎看不出那個醉醺醺且帶著黑眼圈的鋼琴家正在彈奏著一首單調的藍調。

突然間，有個人一腳踢開了酒吧大門。

鋼琴家的彈奏嘎然而止，所有人的目光一致轉向了門口。

那是一個肌肉結實的大塊頭，他的上衣幾乎遮不住那渾身的肌肉，鋼鐵般的雙臂布滿刺青。

他臉頰上有一道可怕的刀疤，讓可怖的表情增添了一種野蠻的感覺。

那令人血液凝結的聲音突然大吼：「哪個傢伙是彼得？」

酒吧裡頓時瀰漫一股陰森沉重的氣氛。

大塊頭往前走了兩步，抓起椅子砸向一面鏡子。

「哪個傢伙是彼得？」他又問了一遍。

旁邊的一張桌子旁，有個戴著眼鏡的矮小男子推開了自己的椅子。他走向那個大塊頭，以幾乎聽不見的聲音喃喃說道：

「我……我是彼得。」

「喔！你就是彼得？我是傑克。你這他媽的混蛋！」

大塊頭單手就舉起矮個兒，然後猛地將他摔向了鏡子。接著，他又將矮個兒整個身體抬起，賞了他兩拳，簡直快把矮個兒的頭給打爛了。然後，他把矮個兒的眼鏡踩碎，把他的衣服撕破，最後把他重重地摔在地上，並一腳踩在他的肚皮上。」

細小的血絲從矮個兒的嘴角流了下來，他幾乎不醒人事的倒臥在酒吧的地板上。

大塊頭走出了酒吧，在離開之前，他開口：

「沒有人可以捉弄我，沒有人！」

說完便大步離去了。

大門關上後，有兩三個人急忙過去解救那位遭到拳打腳踢的受害者。他們把矮個兒扶正坐好，然後遞給他一杯威士忌。

矮子擦乾嘴角的血跡，竟然笑了起來。起先是微笑，後來乾脆放聲大笑。

大家驚愕地看著矮個兒，莫非一頓毒打讓他瘋了嗎？

「你們都不懂。」他說。然後又是一陣大笑：「沒錯，我的確捉弄了那個大呆瓜。」

所有的人都很好奇，一籮筐問題像雨點般劈哩啪啦的落下。

什麼時候？

你對他做了什麼？

跟女人有關？

還是金錢糾紛？

你送他去吃牢飯了嗎？

矮個兒繼續狂笑不止。

「不，都不是。我剛剛捉弄了那個大塊頭，就在你們的面前！因為我……哈哈哈！

我……

「我根本就不是彼得！」

我哈哈大笑的離開了診所。

我心裡想著那個自以為愚弄了大塊頭、卻被狠狠揍了一頓的矮個兒。

穿過幾個街區，我臉上的笑意逐漸消失……我沉溺在一種自哀自憐的感覺中。

43 奴隸的美夢——善意的謊言是為誰編織？

對於那天大發雷霆的原因，我已經忘得一乾二淨。

我覺得自己相當在意撒謊這個行為的意義。

整整一個禮拜，我都在想著這個話題，重新去探索內心的撒謊傾向，也回憶自己曾經說過的謊言。我總是不停想起赫黑告訴我的觀念，這個觀念正逐漸鮮明：

如果撒謊有問題，那是撒謊者自己的問題。

不過，對於「善意」的謊言，我倒有點想不通。

首先，這類謊言似乎不屬於一個類型。

好像沒有批評或是自我責難的問題。

甚至沒有任何規避責任的跡象。

然而深入探討之後，「沒錯」，當我撒謊的目的是為了保護他人，我就不想付出那個代價。我不想要面對他們的痛苦、無能為力或怒氣衝天。

但由於這種例子不多，我發現在大部分的善意謊言裡，自己是站在別人的立場去著想。就如同我的心理治療師所說，我認同受害者。因此，我抱著堅定的想法認為，「如果這就是我要的真相，寧願選擇不要知道的好」。而站在這個立場，我有權利決定別人是否需要知道真相。

說到這裡，我發現比起善意的作為，謊言更像是一種惡質的操控伎倆。真是駭人！

而且，我又發現編織謊言並不是為了別人，而是為了自己。這個善意是為了別人而生的嗎？不，是為了自己！

幾乎所有的謊言都稱得上善意，但這個善意的出發點是為了自己，為了撒謊者自己……

「善意的謊言是為了自己。」我跟赫黑說。

「戴密安，不錯喔，我從來沒有想過這個道理。我認為這個想法很有震撼力。」肥仔稱讚我，「那些善意謊言往往遭到大家的揣測且引發質疑，有時就道德跟哲學觀點來分析，甚至會非常複雜。據我所知，有一則影響深遠的道德教條，是關於人類與奴隸之間蘇格拉底式的進退維谷困境。

「我上一次聽到這個教條，是跟莉亞一起合作帶領一個夫妻諮商團體。當我聽她聊起這個故事，我內心充滿了迴響。我隱約想起以前讀過的一則故事，我發現教條本身反而不是那麼重要了。然而，當我看到在場聽眾的討論之後，我也同時獲得自我心靈的提升，我發現，莉亞除了給予我友誼，還有其他更值得我感激的地方……」

這個故事很簡單：

✦奴隸的美夢

我沿著一條寂寥的小徑散步。
享受空氣、陽光、蟲鳴鳥叫，
還有那份喜悅，讓雙腳帶領我，到想去的地方。
小徑的一旁，
我遇見一位正在打盹的奴隸。
我走近並發現他正悠遊夢鄉……
從他的囈語和表情，我猜想……
我知道他的夢境：
奴隸正夢見自己重獲自由。
他臉上的表情既恬靜又安詳。

我自問……

是否該搖醒他，殘忍的戳破這個南柯一夢？

讓他知道自己的身分仍是奴隸？

抑或我該讓他盡可能繼續作夢，

即便只是在夢境享受虛幻現實？

「哪個才是正確的答案？」赫黑補充。

我聳聳肩。

「沒有所謂正確答案。」他繼續說，「每個人都應該找到自己的答案，而不是在他人身上尋找答案。」

「我覺得自己會呆站在奴隸的前面，不知該怎麼辦。」我說。

「我給你個提示吧，總有一天你會派上用場。當你在奴隸面前發楞不知所措時，你可以走近他，然後好好看著他。如果那個奴隸就是我，千萬不要猶豫……

「把我搖醒吧！」

44 盲人的妻子──人真的不應該撒謊嗎？

接下來的那次療程，我相當好辯。

「照你的意思，你似乎覺得謊言本身沒有問題。可是，其實撒謊還是一件壞事對吧！這是我們一直以來被教導的觀念。」

「戴密安，你確定嗎？我們真的被教導不要撒謊嗎？我倒沒那麼確定……你想像一下這個場景（這個場景在每個城市的每戶家庭天天上演）。」

有個孩子剛剛被逮到在說謊。

父親是個明理且思想開明的人，他知道確切來講，謊言的內容不是重點，而是撒謊這個行為觸犯了道德觀念，因此……

父親放下手邊的工作，在兒子身邊坐了下來。他用簡單的概念向他解釋，為什麼他應該在任何時刻都選擇說實話……不管發生什麼事，不管誰犯了錯……

此時電話響起，正在試著辯解的兒子說，「我來接！」他衝過去接起電話。

過了一會兒，兒子回來了。

「爸，是保險經理人。」

「喔？這麼巧？跟他說我不在家。」

「我們不是被教導不要撒謊嗎？」

「我不這麼認為，如果說別人跟我們說不要撒謊，這倒是可以接受。

「但是……我們的父母、師長、神父、政府官員，他們有教導我們不要撒謊嗎？」

赫黑停頓一下，添了些馬黛茶葉，然後繼續道：

「這好像把我們帶入一個新領域──每個人如何對謊言做出反應的個體和客觀的領域。

說到底，為什麼撒謊是不對的？我們曾無數次見識到，我們所身處的這個社會無法忍受難以被預測的個體。因為這些人會導致失控，使得整體共存的規則變得複雜──至少會使得目前社會體系的建立方式變得複雜。在這個體系中，撒謊是不對的，因為如果你撒了謊，我就沒有辦法確知你的想法、你所做的事和你的感覺。為了維持對局面的控制，我和他人一樣都需要知道事實。如果我的判斷力無法獲知事實，就需要靠你提供訊息，而我必須相信你說的是真話。」

「但如果我沒有辦法信任別人……」我爭辯，「我也無法生存。」

「戴密安，沒人可以阻止你要相信誰說的話。我質疑的是，你想阻止他人撒謊。」

「嗯，赫黑，如果每人都隨意亂說話，那一切會變得多麼可怕。如果每個人都撒謊，大家就無法互相信任，情況會亂成一團。」

「是有這個可能。」胖仔說，「但這並非是唯一的結果。還是有別的我較喜歡且合理的可能性。我們之前提到，一個人之所撒謊，是因為害怕他人指指指點，所以先行自我批評。我們也說過，撒謊的人其實早已經做出自我評斷了。

「可是，請你想像一個真正自由的世界，一個事事都被縱容的世界，一個沒有限制和義務的世界……在這樣的世界，沒有自我審查、自我批評，也不會遭受他人批判的眼光。這麼一來，你可以隨心所欲地說謊或者不說謊，說出實話或隱藏真相，結果可能大家都不再撒謊，於是整個世界變成一個誠實平和的地方。

「戴密安，那也是一種可能啊。」

「你確定有這種可能？」

「不，我不敢保證。但我可以確定的事太少了，而我寧願去相信剛剛那種可能，即使不可思議，但至少有令人嚮往之處。」

「迎面而來的每輛公車，你都來者不拒。」

「我不知道會不會來者不拒，但如果來的是我正在等待的公車，我會上車。」

「肥仔，告訴我。你的夢想是否有可能實現？為什麼這個世界不能變成一個誠實平和的地方，就像你所描述的那樣？」

「戴密安，因為首先你必須戰勝恐懼。」

「什麼恐懼？」

「獲悉真相的恐懼。改天我跟你談談真相店鋪的故事。」

「為什麼不今天說？」

「因為今天要說另一個故事……」

✦盲人的妻子

在某個遙遠的村莊住著一位男子，他的眼睛罹患了怪疾。

這三十年來，男子的眼睛一直看不見，長年生活在黑暗之中。

有一天，村裡來了一位名醫，村民向他請教男子的眼疾。這位醫生保證動完手術就可以讓男子重見光明。然而，男人的妻子（看起來年老色衰）卻極力反對動手術……

45 處決——為什麼別人騙得了他？

「這麼說起來，真誠在你眼中根本毫無價值可言。」我抗議道。

「戴密安，當然有價值，只是我不願意依循教條來建立真誠。」

「那麼，如何到達那個你我都渴求的世界？」

「在你的一生中，你終將遇到。或者你已經遇到了某些人，你跟他們相處時感到很自在，沒有撒謊的必要。你會遇到某些人，你能容忍他們真實的樣子，好像他們從沒萌生過欺騙你的念頭。那些就是真正的朋友，你要珍惜他們！」赫黑堅定的說，「你將明白你和那些朋友之間體現的新秩序……」

「赫黑，告訴我，對你來說，坦白是友誼的唯一財產嗎？」

「是的。但要注意，坦白是一回事，而真誠則是另一回事。」

「另一回事？」

「沒錯！」

「到底是什麼意思？」

「坦白來自於坦率和開放，要記住『敞開心胸』這句話的概念。一個人為人坦白，意思是指他的內心沒有那些禁止進入的隱藏空間。他的思想、感覺或是記憶，沒有未知或亟欲保留的角落。真誠則沒有那麼狹隘，我認為真誠就是：『我所告訴你的話句句屬實。』至少，我個人是這麼想的。換句話說，『我沒有對你撒謊』，就像你說的。」

「所以，你可以真誠，但並不坦白？」

「沒錯。戴密安，坦白是種奢侈的關係，就像愛情一樣，是一種保留給少數人——極少數人的感覺。」

「可是，赫黑，如果是這樣，我內心就有一些禁止你進入的空間。但我並非因此對你不真誠。這樣好像是說，隱瞞並不等於撒謊。」

「嗯，至少對我來說，隱瞞跟撒謊截然不同。前提是，不是為了隱瞞而撒謊。」

「請你舉個例子吧！」

例如，一對夫妻間的對話如下：

妻子：「你怎麼了？」

丈夫：「喔，沒事……」

（準沒錯。雖然我不知道怎麼回事，但是他鐵定心裡有鬼。他在撒謊！）

另一個例子：

妻子：「你怎麼了？」

丈夫：「我不知道……」

（準沒錯。他鐵定心裡有鬼，所以他在撒謊。）

再舉個例子：

妻子：「你怎麼了？」

丈夫：「我現在不想說……」

（有可能問題很大，但這個人試圖隱瞞，同時態度又是誠實的。）

「但是赫黑，在前兩個狀況中，我的女朋友倒還能容忍和體諒。但是最後一個例子，她可能就會鬧得我雞犬不寧。」

「嗯，或許你該重新檢視你女友的極限在哪裡。到底是她可以容忍跟體諒你的謊言，還是會懲罰你的真誠。」

「你對任何事都有答案嗎？」

「是啊！我們每個人都有答案。即使有時答案是沉默不語，有時則是迷惑不解或直接逃避。」

「我真是受夠你了。」

「我也受夠自己了。」

「嗯，肥仔，讓我來簡單整理一下。」

「請便。」

「你不同意將撒謊歸類為壞事。你說，撒謊是每個人在每個時刻所下的決定。」

「而且是依據每段關係所做的決定。」赫黑補充。

「而且依據是每段關係……」我認同他的說法，「此外，你還認為撒謊不等於隱瞞。」

「你說反了。我認為隱瞞不等於撒謊。這是兩碼子事。」

「沒錯。而且你還說應該對朋友真誠，對『選擇的人』坦白。是嗎？」

「是的，大概是這樣。」

「好。那麼我相信你所說的話，是仰賴你我之間的關係，出於我的信任或敬愛。」

「當然。除了那些，還有出於你自己的意願。」

「什麼意願？」

「要不要我說個故事？」

✦處決

在某個遙遠國度，有一位蠻橫霸道的君王叫諾拉夫，他的權勢足以和他的殘酷相提並論。

在他的領土內有著針對農夫制定的法令，甚至禁止農夫直呼君王的名諱。這個國度的人民活在官吏的淫威下，遭受剝削，稅務官把人民僅有的作物收成、釀酒或手工藝品的微薄收入，壓榨一空。

諾拉夫擁有一支力量強大的軍隊，曾經有幾次，軍隊裡的年輕軍官想發起暴動，推翻暴君，但是君王總以血腥手段來消滅異己。

有趣的是，雖然諾拉夫的惡名遠播，但村裡的神父則以慈愛聞名。他秉持虔誠的信仰，奉獻他的一生來幫助村民，盡力將自身的知識教導給大眾。

約有十五到二十名門徒跟著神父同住，他們追隨神父的道路，學習他的待人處事，以及每一句至理名言。

某天，晨禱結束之後，神父集合所有的門徒並告誡他們：

「我的孩子們！我們應該伸出援手幫助我們的同胞。他們有能力為自己的自由奮鬥，可是這塊土地的統治者卻讓人民以為君王的武力是無人可以對抗的。人民對諾拉夫的恐懼與日俱增，如果我們袖手旁觀，他們就會像奴隸般死去。」

「我們願意照您說的話去做。」所有人異口同聲。

「即使會賠上你們的性命？」他問。

「如果一個人有能力幫助他人，卻選擇冷眼旁觀，那還算是什麼人生？」一位門徒替大家回答。

三月的第五天來臨。那天，宮殿裡正在慶祝諾拉夫的壽辰，一年內只有這一天，君王會搭乘馬車從夾道的民眾面前經過。他身著一套鑲金的寶石禮服，受到強大的護衛隊重重保護。那天早上，諾拉夫展開了一年一度的遊行。

官兵命令所有的農夫在皇家馬車經過時，都必須拜倒在地以示敬重。

令人吃驚的是，在距離宮殿幾條街之外，當馬車駛經一戶人家的面前，有一位民眾竟然抬頭挺胸地站在路邊。衛兵立刻將他逮捕，帶到君王的面前。

「你不知道必須鞠躬行禮嗎？」

「陛下，我知道。」

「但是你沒有照做。」

「我的確是沒那樣做。」

「你知道我可以判你死刑嗎？」

「陛下，那正如我所願。」

諾拉夫對他的回答感到吃驚，但仍不動聲色。

「好吧！如果那樣是你所期待的死亡方式。今天黃昏，劊子手就會來取下你的腦袋。」

「陛下，我很感激。」年輕人說著，微笑地下跪了。

在人群中突然有人大喊：

「陛下，陛下！我可以發言嗎？」

諾拉夫讓他走到面前。

「說吧！」

「陛下，請讓我今天代他一死！」

「你要替他接受死刑嗎？」

「是的，陛下。求求您！我對您忠心耿耿。請允許我這麼做吧！」

諾拉夫覺得吃驚，於是開口詢問被判死刑的青年。

「他是你的親戚嗎？」

「不，我這輩子從未見過這個人。請您千萬別讓他代替我死。犯錯在我，應該拿我的腦袋來付出代價。」

「不，陛下，請砍我的腦袋。」

「不，砍我的！」

「安靜！」諾拉夫大喊，「我可以一次滿足你們兩個人……你們都要被砍頭！」

「好吧！陛下。不過我要排第一個，我認為自己有優先接受砍頭的權利。」

「不，陛下。這個優先權應該是屬於我的，因為我還沒冒犯您啊！」

「真是夠了，這是怎麼回事？」諾拉夫大叫，「閉上你們的嘴，我讓你們一塊兒享受這個優先權。我國可不止有一位劊子手！」

這時，群眾裡又響起一個聲音。

「陛下，如果是這樣，我也想成為被砍頭的名單之一。」

「陛下，我也是。」

「我也是。」

諾拉夫聽得目瞪口呆。

他無法了解到底發生了什麼事。

如果說有什麼事情讓諾拉夫心情變得惡劣，那應該是他實在不明白眼前的這一幕所為何來。

五個健壯的青年同時要求被砍頭，這令人百思不解。

他閉上雙眼思考。

幾分鐘後，諾拉夫做出決定：他不想讓人民覺得自己是個心軟又猶豫不決的懦夫。

如此一來，就需要五名劊子手。

但是當他睜開雙眼，看見民眾聚集在自己的周圍，已經不只五個人了，有超過十個人都揚言要求接受死刑。而且，越來越多人跟著舉起手。

對諾拉夫來說，那真的太多了。

「夠了！」他大吼，「先暫停所有的死刑，直到我決定讓哪些人受刑，以及何時要行刑。」

在尋死民眾的抗議跟請求聲中，君王搭乘馬車回了宮殿。

一回到宮殿，諾拉夫便把自己關在房裡，專心思考今天發生的事。

突然間，他腦中閃現一個想法。

他派人召見了神父，他想，神父應該知道民眾集體瘋狂行為的來龍去脈。

侍衛很快地前往尋找老神父，並將他帶回了君王的面前。

「為什麼你的信徒爭相要求接受死刑？」

老神父沒有回答。

「回答本王的問題！」

一陣靜默。

「我命令你回答。」

還是一陣靜默。

「別挑戰我的威信，我有辦法讓你開口說話！」

依然一陣靜默。

老神父被帶往刑求室，接受了幾個小時慘無人道的折磨。但是，他仍然拒絕開口說話。

於是，暴君諾拉夫派人前往教會抓回了幾名門徒。

當門徒出現在面前，君王讓他們親眼看看老神父飽受凌虐的身軀，然後問他們：

「為什麼那些民眾想要接受死刑？」

一個氣若游絲的聲音從老神父嘴巴裡冒出，「我不准你們開口回答。」

君王終於知道，他沒有辦法用威脅手段逼迫任何在場的門徒開口，所以他跟門徒們說：

「我會使出最殘忍的手段折磨你們的老師。而且，我要你們全都在場觀看。如果你們敬愛這個老人，就快把秘密告訴我，然後你們全部都可以回家去。」

「好吧！」一個門徒開口。

「住嘴！」老神父喊著。

「快說！」諾拉夫說。

「如果今天有人死於死刑……」門徒開始說。

「住嘴！」老神父再次喊道，「如果洩漏秘密，你就該死……」

君主做了個手勢，於是衛兵賞了老神父一記棒擊。老神父昏迷過去，不醒人事。

「繼續說！」君主命令。

「今天第一個接受死刑的人，在太陽下山之後將長生不死。」

「長生不死？你少開玩笑了！」諾拉夫說。

「那可是根據聖經的記載。」年輕門徒說著，打開了袋子裡的一本書，唸出那段話來博取君王的信任。

「長生不死！」君王想著。

這位暴君最害怕的事莫過於死亡，而這可是個千載難逢、可以超越死亡的大好機會。

「長生不死！」他想著。

君王沒有片刻猶豫，他差人拿來了紙跟筆，將自己判了死刑。

侍衛們把老神父跟門徒趕出了宮殿，等到太陽下山，諾拉夫便按照自己的命令接受死刑。

就這樣，人民終於從暴政之中解放出來，並群起為自由而奮鬥。幾個月之後，所有人都得到了自由。

再也沒有人提起那位暴君，除了那個執行死刑的夜晚，當門徒們正幫老神父治療傷口，他們同時接受了老神父的祝福。老神父贊許他們甘冒被砍頭的勇氣，還稱讚他們臨危不亂的優秀表現。

「戴密安，為什麼那個君主會相信謊言？為什麼他會相信敵人的話，給自己安排了死刑？為什麼他會掉進老神父的陷阱？答案只有一個：只因為他選擇相信。

「他願意相信那是真的！戴密安，這是我這一生中所得知最難以置信、且令人震撼的真理之一。因為很多原因，我們相信了某些謊言，但那都是因為我們心甘情願地去相信。

「你何必堅持誰對『你』撒謊？上次你問了我這個問題。

「你如此堅持，是因為你願意相信那個人說的話！

「沒有人能夠一再掉入同一場騙局，

「除非騙局裡的謊言，

「早已變成他願意相信的事實。」

46 公正的法官——如何弭平受騙的忿怒與無力感？

跟往常一樣，我腦袋裡的想法經過一場革命性風暴之後，我開始妥協，各種想法的權衡關係也逐漸恢復。

在這一生中，數不清有多少次，我試著解開那個永遠無解的謎團。我努力想搞清楚，那些總是想以少換多的人，到底在想些什麼？

我一直無法了解，為什麼不斷有人遭到金光黨的詐騙。

想用幾個銅板買到一艘渡輪的人，他們心裡到底在想些什麼？

怎麼會有人跟金光黨騙徒聯手犯罪？

為什麼一個智力正常的人會用荒謬的價錢，去購買一個毫無價值的垃圾產品？

現在答案終於水落石出：所有的受騙者都曾在某個時刻，認定情況對自己是有利的。

大部分的人光想到往後的獲利就竊喜不已。很多人相信，聰明的自己才是操控局面的那個人……

在我上鉤時，也是想著同樣的傻事嗎？

喔！沒錯，我當然是抱著相同的想法。

當我再度碰上同樣的事，我確實是這麼想的。

「希望這些是我的……」無非就是緊抓住那些在我耳裡聽起來很愉快的承諾或肯定。

「希望這些是我的……」甚至會讓人聯想到「願者上鉤」這句俗諺。

是啊，怎麼會沒有關連呢？即便西班牙文的表達方式「吞下魚鉤」，也是那個意思啊！吞下了誘餌，在那鐵鉤上掛著一隻令人垂涎的蚯蚓。或者更糟，一隻誘人、色彩鮮豔、黏乎呼的蒼蠅……而且是塑膠做的！

為了得到想要的東西，我吞下了魚鉤……至於那些釣魚的人，他們像什麼？哪一種魚鉤上的誘餌會特別吸引我？

永恆愛情的承諾，

毫無保留的幻想，

來自他人的評價與肯定，

希望成為第一個，看到別人都還沒有機會見到的東西，

身邊擁有別人不求回饋的陪伴，

還有更多……

更多！

我發現隨著時間流逝、經驗的累積加上自我成長，我學會更快的吐掉入口的魚鉤……但是，吞下魚鉤之後所留下的傷口呢？

「肥仔，那傷口呢？」我問道，「那傷口怎麼辦？你教我要學著摒棄那些死掉並褪色的蚯蚓。你一直告訴我哪些是塑膠蒼蠅，以免我誤吞進魚鉤。但是，我覺得你忘記教我如何療傷。看起來那些容易輕信別人的人和我一樣，最後都因為吞下了或沒吞下的魚鉤，讓生命佈滿了傷疤。肥仔，我希望不會受到傷害。我拒絕任人擺佈，讓他們選擇傷害或治癒我。我不想這樣……」

「戴密安，那是你應該付出的代價，是代價啊！你還記得《小王子》裡的那朵玫瑰嗎？」

「記得……我知道你想說什麼：『如果我想認識蝴蝶，就必須忍受毛毛蟲的啃咬……』」

「沒錯！」赫黑肯定道。

我沉默不語地思索，內心混雜著痛苦、忿怒、屈服和無力感。

然後，我開始抱怨。

「我仍然認為謊言的好處太多，而應該付出的代價卻太小。」

「有時候是這樣沒錯，有時則不一定。」肥仔說，「謊言存在著太多缺點。總之，謊言最糟的地方是『沒有效用』……遲早謊言會露出馬腳，所有看似到手的東西都會失去，就像太陽露臉時薄霧會消失一樣……還有，有時命運自有裁決，一場欺騙到頭來，撒謊者還是會受到懲罰。」

赫黑半閉著眼，搜索著記憶。

「故事來了……」我猜。

「來囉……」

◆公正的法官

男子去世時，他的妻子、長子阿林，還有兩個幼子，立即陷入窮困的生活。

男子還活著的時候，從日出到日落，他都在地主陳老先生的田裡工作。

男子的薪資大部分是用白米給付，此外只有寥寥無幾的銅板，實在不夠應付一個家庭的基本開銷，其中最大的開銷，就是阿林和其他孩子的學費跟文具費用。

男子去世的那天，他像往常一樣天還沒亮就出了門。在前往田裡的路上，他聽到幾聲求救的吶喊，那是一個快被湍急的河水給沖走的老人。

男子一眼就認出了那個老人，那是陳老先生——他的雇主。

男子的游泳技巧一向不好，此刻除非是游泳高手才有辦法橫渡急流，更別說還要去搭救一個老人。

他看了看四周，這種時候路上沒有半個人影……到別處去求援嘛，少說也要花上半個小時……

幾乎憑著一股衝動，男子深吸了一口氣，猛地跳入河裡。

當他快要游到老人的身邊時，河水開始將他沖往下游。

最後，這兩個人相互環抱著沒有氣息的軀體，就這樣漂浮在平靜的河面，兩具屍體一起出現在距事發地點兩公里的下游……

也許是因為陳老先生的兒子們不分青紅皂白，執意要讓男子為他們父親的死負責，又或許是因為阿林年紀太小，無法勝任田裡的工作，又或者，就像他們說的，田裡不缺人力。總之，陳老先生的兒子們拒絕讓阿林來接手父親的工作。

然而，年輕的阿林卻態度堅決。

首先，阿林告訴他們，以自己十三歲的年紀，已經可以工作了。然後他又說，他的技術可是他從父親那兒繼承來的，毫無可挑剔之處。接著，他講到自己的工作能力，以及雙手的靈巧。只可惜，這一切都無濟於事。不得已之下，阿林只好低聲下氣地向地主兒子們乞求一份工作，因為家裡的經濟實在迫切需要這份工作。

然而，所有的爭辯宣告無效，年輕的阿林被迫離開了田地。

阿林忿怒地大吼大叫，他為父親的犧牲請命，還提到了剝削、權利、請求、索賠……在掙扎和抵抗中，阿林被趕出那個地方，然後被趕到滿是灰塵的大街上……

從那時開始，阿林一家人便過著有一餐沒一餐的日子，日常所需全部仰賴阿林找到的臨時工來應付，同時，他的母親也去幫人做些洗衣和縫製的工作。

某天，阿林一如往常的到別的田裡去求份工作，也跟往常一樣，沒有任何的工作機會……

阿林垂頭喪氣的離開，他望著地面，還有腳上那雙磨損不堪的涼鞋。

他踢著路上的石子，藉此發洩痛苦。

突然間，他踢到了某樣東西，接著，聽到一聲不太一樣的聲響。

他的目光搜尋著那個被踢中的東西……

那不是一顆石頭，而是一個沾滿了泥土、用繩索綁住的一只皮袋。

阿林用腳將那個東西又踢了一下。

袋子裡有東西。袋子在地上翻滾時，還發出悅耳的響聲。

接下來的好一會兒，阿林不停用腳踢著那只袋子，享受袋子裡發出的響聲……

最後，他將那只袋子撿起來打開。

在袋子裡，有一堆銀幣……

數量驚人的銀幣！比他一生中看過的還要多……

他數了數，總共是十五枚銀幣。

十五枚美麗、嶄新、閃亮的銀幣。

都是屬於他的。

是他發現那袋銀幣躺在地上。

是他踢著那袋銀幣半個小時。

是他打開了袋子。

毫無疑問的，銀幣是他的……

現在，他的母親終於可以不用辛苦工作，他的弟弟們可以重拾課業，一家人每天都可以買到想吃的食物……

他跑到村裡去採買……

不久，他帶著滿滿的食物回家，還有給弟弟們的玩具、可以禦寒的毯子，以及兩套從印度進口的精美洋裝，那是給母親的。

他的返家簡直讓家人開心極了！大家都飢腸轆轆，直到填飽肚子前，沒有人開口問一句食物從哪裡來。

吃完晚餐後，阿林開始分發禮物。在兩個弟弟筋疲力盡的上床睡覺後，母親向阿林使了一個眼色，讓他坐到自己身邊。

關於母親想問什麼，阿林心知肚明。

「我沒有去搶劫。」阿林說。

「沒有人會平白無故送你這些東西……」母親說。

「不，這不是人家送的。」阿林說，「都是買來的，是我買的。」

「阿林，錢是從哪裡來的？」

阿林告訴母親自己撿到了一袋銀幣……

「阿林，我的兒子啊！這並不是你的錢。」母親說。

「為什麼不是我的？」阿林抗議，「是我撿到的。」

「兒子，是你撿到的沒錯，但這是某個人遺失的。遺失錢袋的人才是真正的主人。」母親駁斥他。

「不！」阿林說，「遺失錢的人已經失去了錢，而找到錢的人得到了錢。錢是我找到的。如果這筆錢沒有主人，那就是我的。」

「嗯，兒子……」母親繼續說，「如果這筆錢沒有主人，那麼錢確實就是你的。可是，如果有主人，你應該物歸原主……」

「媽，我不要！」

「你必須這麼做。阿林，想想媽剛才勸你的話。」

阿林低下了頭，終究不情願的點了點頭。

「那我花掉的部分怎麼辦？」阿林問。

「你花了多少錢？」

「兩枚銀幣。」

「嗯，我們再想想該怎麼還。」母親說，「現在你立刻回到村子裡，問問到底是誰丟了一個皮袋。就從你找到錢的那附近問起吧！」

阿林垂頭喪氣離開家裡，他為自己的命運感到悲哀。

抵達村子的時候，他先到田裡去問附近的捆工，這裡是否有人遺失了東西。

捆工不知道如何回答，但是答應他會到處問一下。

過了一會兒，陳老先生的兒子出現了，也就是這塊田的主人。

「你拿走我的錢袋？」田主帶著責備的語氣。

「先生，不是的，那是我在街上撿到的。」阿林回答。

「快把錢還給我！」老闆朝他大吼。

阿林從衣服裡拿出錢袋，遞過去給他。

老闆將袋中錢倒了出來，開始數錢……

阿林先開口：

「陳先生，你看，只少了兩枚銀幣。我會籌錢還給你，或是為你免費工作來償還。」

「十三枚！十三枚！」他叫道，「不見的兩枚在哪裡？」

「先生，我已經告訴你了。」阿林說，「我不知道那是你的錢。但是，我會把錢還給你……」

「小偷！」老闆打斷了阿林的話。「小偷！我會讓你知道，別人的東西不應該動用！」然後他走到街上大喊，「我會讓你知道……我會讓你知道的……」

於是，年輕的阿林回家去了。他不知道自己的內心的感受究竟是生氣比較多，還是失落感比較多。

到家時，他告訴母親事情的經過，母親連忙安慰他。

母親答應他，會跟老闆講清楚該怎麼解決這個問題。

然而第二天，法官就差人送來傳票給阿林跟他的母親，罪名是搶劫十七個銀幣。

十七個銀幣！

在法官面前，陳老闆宣告那袋錢是從自己辦公桌上消失不見的。

「就是阿林來找工作的同一天。」陳老闆說，「第二天，這個厚顏無恥的竊賊說他『撿到』一袋錢，並詢問是否有人『遺失』，真是太不要臉了！」

「陳先生，請繼續陳述！」法官說。

「當然，我告訴他那袋錢是我的。他把錢還給我的時候，我立刻檢查了袋子裡的東西，並證實了我的懷疑：幾枚銀幣不翼而飛。總共少了十七枚銀幣！」

法官專注地聆聽敘述，然後他看看年輕男孩。阿林正因那地主的指控感到羞赧不已，不敢開口說話。

「阿林，你有什麼話要說？現在對你的指控非常不利！」法官問。

「法官先生，我沒有搶劫任何東西。我是在街上撿到那個錢袋。沒錯，我打開了錢袋，我也承認花掉了部分的錢來買食物跟玩具給我的弟弟，但是我只花了兩枚，而不是他所稱的十七枚銀幣。」阿林嗚咽道，「如果說，錢袋裡總共只有十五枚銀幣，我要怎麼拿走十七枚？我只有拿走了兩枚，法官大人，只有兩枚。」

「我們來看看……」法官說，「這個年輕人歸還錢袋時，總共有幾枚？」

「十三枚。」陳先生說。

「十三枚。」阿林同意。

「那你遺失錢袋時，裡面總共有多少？」法官問。

「三十枚，大人。」陳老闆回答。

「不，不是的！」阿林打斷他的話，「只有十五枚。我發誓！我發誓！」

「你也敢發誓說的是實話嗎？」法官質問田地的老闆：「在你桌上的那袋錢，總共有三十枚？」

「是的，法官大人。」他堅決的說，「我發誓！」

母親不好意思的舉起手，法官作勢讓她發言。

「法官大人！」母親說，「我兒子還是個孩子，我承認他在這個事情中犯了不只一項錯誤。然而，有件事我可以肯定，阿林沒有撒謊。如果他說自己只花了兩枚銀幣，那就是實話。如果他說撿到錢袋時，裡面只有十五枚銀幣，那也應該是真的。大人，或許在此之前已經有人先撿到了那個錢袋……」

「太太，請暫停一下。」法官打斷她的話，「主持正義並找出事發原因是我的工作，不是你的。你想發言，我允許。但是現在請坐下，靜候我的裁定。」

「沒錯，大人，請裁定。我們需要正義！」原告說。

法官作勢請助手敲鑼，這聲鑼響代表著法官即將作出判決。

「原告及被告：雖然一開始情況有點混亂，現在一切都很清楚了。」法官說，「我沒有理由懷疑陳先生的話，他發誓遺失一個裝了三十枚銀幣的錢袋……」

男子臉上露出不懷好意的笑容，看著阿林和他母親。

「然而，這位叫阿林的年輕人確信自己撿到的錢袋，只有十五枚銀幣……」法官繼續說，「我也沒有任何理由懷疑他的話。」

大廳一陣靜寂，於是，法官繼續往下說。

「因此，對本庭而言，那個找到並歸還的錢袋，並不是陳先生所遺失的，所以不符合對阿林的指控。然而，原告的控告會先歸檔，而如果有人找到並歸還任何一個裝有三十枚銀幣的錢袋，會在幾天之後交還給原告。」

法官露出一抹微笑，撞上了阿林感激不盡的目光。

「年輕人，至於這個錢袋……」

「是，大人！」阿林支支吾吾，「我知道自己應該負的責任，也準備好要為錯誤付出代價。」

「安靜。關於您說的這個十五枚銀幣的錢袋，我必須承認，到目前為止還沒有人前來申報，在這個情況下……」他說著瞅了陳先生一眼。「我認為申報的可能性極低。所以，我認為這個錢袋應該屬於發現者的財產。因為是你撿到的，所以是屬於你的！」

「但是，大人……」陳先生正要抗議。

「大人……」阿林也有話要說。

「安靜！」法官命令道，「本案終結。請全部的人退席……」

法官站了起來，快步離開法庭。助手再次敲了鑼……

47 真相商店——得知真相的代價

「赫黑，告訴我。幾乎大家都有個迷思，認為自己有必要求助於治療。我知道你不同意這種想法。但是，我常在納悶，是否任何人都可以藉由治療來得到幫助？」

「是的。」

「任何人？」

「我們這樣說好了——對每個想得到幫助的人來說，治療對他們可能是有用的。」

「但是，為什麼會有人不想得到幫助？」

「耶穌會教士兼神學家戴邁樂（Anthony de Mello）說過一個奇妙的故事，我覺得這個故事能幫我們探討這個問題……」

✦真相商店

在一個遙遠的城市，有個男子沿著狹小的街道漫步。他有充裕的時間，所以當他路過每個櫥窗、商店和廣場，都會駐足停留片刻。轉過街角後，突然間，他站在一間簡陋的店鋪對面，那個店鋪有著白色的遮棚。在好奇心的驅使下，他走近玻璃櫥窗，把臉貼近玻璃，希望能看清一片漆黑的櫥窗內部……裡面只有一個架子，上面擱著一張手寫告示：

「真相店鋪」。

男子很驚訝，他想，這真是個與眾不同的店名。但他實在看不出這個商店到底在賣些什麼東西。

他推門走進了店裡。

他走近站在第一個櫃檯的小姐，問她：

「不好意思，這裡是真相店鋪嗎？」

「是的，先生。你想找尋哪種真相？部分真相？相對真相？統計真相？完全真相？」

這樣聽起來，這間店裡賣的都是真相。他從未想過真相是一種可以當作商品來銷售的東西。走進店裡，買走真相，聽起來還不賴。

「我要全部的真相！」男子毫不遲疑的回答。

「我已經疲於應付謊言和欺騙了，」他想，「我不想再跟馬虎、辯解、欺詐打交道了。」

「是的，我要完全真相。」男子更清楚地說。

「好的，先生，請跟我來。」

店員小姐陪著顧客走到另一個部門，然後指著一位表情漠然的男店員，告訴男子：

「這位先生將為您服務。」

男店員走過來，等待著男子開口。

「我要購買完全真相。」

「喔！好的。但是，先生，您知道售價嗎？」

「我不知道，需要多少錢？」他問。事實上，他已經準備好要為買到真相付出代價。

「如果你要帶走所有的真相，」店員說，「代價就是，你的心靈再也無法得到平靜。」

一股寒顫穿過男子的背脊，他從未想過代價是如此高昂。

「謝……謝了……很抱歉……」他支吾著。

男子轉過身，頭垂得低低的，他走出了商店。

他感到一絲悲哀，他發現自己還沒準備好接受完全的真相，他了解到自己還是需要藉由一些謊言獲得喘息，從一些幻想和理想情境裡尋求一個避風港，利用藉口逃避自己……

「或許以後再說吧！」男子這麼想。

「戴密安，那些對我有幫助的東西，對其他人來說卻未必如此。有人認為有些幫助的代價過於高昂，這的確有可能，也是合理的。每個人都得決定為自己想要換得的東西付出多少代價，每個人都該選擇何時接受世界所提供的東西，這是符合邏輯的，不管是真相，或是其他的『幫助』。」

我不知道該說些什麼。

然後，赫黑又補充道：

「有一句古老的阿拉伯諺語說：**要把碎芝麻蜂蜜糖倒出來，最重要的，是先準備一個可以保存碎芝麻蜂蜜糖的容器**。……真相和知識也是如此。」

48 人生中所有的問題

最近幾次我抵達診所，療程的一開始總是籠罩在一片難以忍受的壓抑氣氛中，我不知道該說些什麼，所以嘴巴閉得很緊。或者說，我知道自己想說什麼，卻沒有說出來。又或者，我覺得不該來就診，但是人卻已經出現在診間。或者，肥仔也沒有開口的欲望，任憑我自生自滅。也許，他想幫我一把，卻說不出半句話……

那些療程是在無聲中進行的，氣氛是緊張的，也是凝重的。

「昨天我寫了點東西。」我終於對肥仔開口。

「真的？」

真精簡的回答，我想。

「對！」我的回應更精簡。

「然後呢？」他問。

「他又開始讓我覺得討厭了。」我想。

「主題是『問題集』，但是談的不是問題。」

「那麼，對那些不是問題的問題，你打算怎麼辦？」

「我想在這裡跟你一起讀出來。打從我昨晚寫完後，就沒再回頭讀過一遍。我知道自己不是在尋求答案，所以你不需要回答，我只需要你當個聽眾。我想聲明這只是一些雜亂的思緒，不是問題。」

「我了解了。」肥仔說完，準備好好聆聽。

困難重重，不是嗎？

幾乎不太可能？

或許……完全不可能？

如何活得與眾不同？

痛苦過日子有何意義？

能否用另外一種方式過日子，而頭腦依舊保持清晰？或至少心智清醒？

如果不能這樣，為什麼還要對自己下功夫？

我接受治療的目的是什麼？

心理治療師的功用是什麼？協助改善那些因為遭受折磨而就醫的人們？

我在這場探索之旅中做了些什麼？

那麼我所做的事，是轉移他人加諸的痛苦，而沒有跟大家分享的快樂？

什麼是心理治療？

一座巨型工廠，將挫折感加工，再淋上「美麗的糖衣」？

彷彿以虐待為樂的宗教，發明出各種獨特且極度變態的凌虐手法？

知道真相雖然痛苦，總好過活在童話世界裡的天真無知，真的是這樣嗎？

利用對孤獨全然的感知，還有對某人的既有承諾，目的是什麼？

學會習慣不對任何人抱持期待，有什麼好處？

請告訴我，到底有什麼好處？

如果現實世界是一堆垃圾，如果人的真面目很醜陋，如果人生的真實面貌是一團亂，全身沾滿糞便的我們，還能載浮載沉於一堆人性廢棄物中全身而退嗎？

在他處能夠提供慰藉的宗教，在這裡卻什麼也得不到，是否不合理？

當大家奉獻心力給至高無上的上帝，如果我們表現良好，便能得到祂的眷顧，是否也不合理？

表現良好，是否比做真正的自己還要容易？

跟著大家接受善與惡的觀念並奉為真理，也許有用且簡單多了？或者至少，順應大家的行為，是不是好多了？而不是要求別人跟自己完全一樣？

術士、巫師、魔法師、治療者想用法術幫我們恢復信心，是否不合理？投注無限能力，運用我們的心智，控制一切事物或是外在情況，這麼做錯了嗎？

實際上，在我之外，並不存在著任何東西，而我的人生只不過是一場小小的惡夢，充滿各種東西、人，以及我用創意的想像所發明的事物，是真的嗎？

有誰會相信，現在發生的這件事是唯一的可能性？

而如果是這樣，深入了解這個可能性，會獲得什麼好處？

別人有必要了解我嗎？

別人有必要接納我嗎？

別人有必要聆聽我嗎？

別人有必要認同我嗎？

別人有必要不對我撒謊嗎？
別人有必要注意我嗎？
別人有必要用像我愛自己的方式來喜歡我嗎？
別人有必要用我喜歡的方式來喜歡我嗎？
別人有必要喜歡我嗎？
別人有必要尊重我嗎？
別人有必要注意到我的存在嗎？
而如果沒有人注意過我的存在，我的存在有何意義？
如果我的存在，因為沒有被人注意到就失去了意義，那麼為什麼不付出任何代價，沒錯，「任何代價」，努力去抓住那個意義。
如果從出生那一刻，直到躺進棺材裡的這段路，都是孤獨的，為什麼我們非得欺騙自己，認為自己應該能找人常伴左右？

肥仔清了清喉嚨……
「你昨晚的困惑和體悟可真不得了，是不是？」
「沒錯！」我說，「彷彿一片漆黑，伸手不見五指！」

此時，我的心理治療師伸出了雙臂，作勢讓我坐在他的膝上。

當我坐上去，赫黑抱住了我，彷彿抱著一個孩子……

我感受到肥仔的溫暖跟愛，就這樣，整個療程我都坐在他的膝上，靜靜地思考著……

49 棗椰農——無法獲得回報，還有必要做下去嗎？

「你看，你教給我的一切似乎都很有道理。當然啦，我也很願意去思考是否能照這種方式過日子……然而，我覺得你的人生模式不過是個美麗的理想藍圖，根本不適用在日常生活的現實之中。」

「我不這麼認為……」

「當然，你當然不這麼認為！因為這套方式對你比對別人來說要容易許多。你在自己的四周建立起一種生活方式，所以你覺得簡單。但是我和其他的人，我們活在當下一個平凡的世界，我們永遠不可能在完成該做的事之後，進一步去享受。」

「戴密安，事實上，來自真實世界的是我，而不是你。我跟大家一樣活在同一個地球上，而且，我跟你所認識的普羅大眾一樣過著尋常的生活……比起我所認識的大多數人，我承認自己過得比較好，但是我想跟你澄清兩件事：第一是成本不容小覷。要建立這種你所謂的『藍圖』，我投注了相當多的精神和心力，遭逢很多痛苦，尤其失去了很多東西。第二則是整個過程。我的意思是，改變那些必須改變的事，讓需要保留下來的東西不至於崩解，走遍了所有必須探索的路，為了這些，我付出了非常多的時間。這一切不是自然而然發生的，也不是一蹴可幾的……」

「我可以想像。但是，至少你知道最後會得到今日的成果。」

「不是這樣的。這是你分析之後得到的另一個偏見。我從不敢斷定自己能得到任何成果。或許我會告訴你，我這一路走來，只不過是對某種結果所下的賭注，而且事實上，我還沒走完這趟旅程呢！」

「為什麼說你還沒走完？」

「戴密安，我還有很多事情沒有完成。而且，我甚至認為我這一生大概來不及完成，即使我活得很長壽……我希望自己能完完全全的享受人生，即使無法完整達成期望，也能在自己的內心對事情全盤接納……」

「你是說，即使你認為自己可能無法享受成果，仍然願意堅持完成這些工作？」

「沒錯。」

「你瘋了。」

「確實。但為了幫助你，我是個愛講故事的瘋子，而現在正是故事上場的時候了。」

✦棗椰農

有一座綠洲藏身在遙遠綿延的沙漠裡，那裡有個名叫耶里亞烏的老人，正屈膝跪在棗椰樹旁。

他的鄰居哈金是位富有的商人，他在綠洲暫作歇息，給駱駝喝水。此時，他看著耶里亞烏似乎在挖掘沙地，一副滿頭大汗的樣子。

「老先生，你還好嗎？希望你一切平安。」

「你也是。」耶里亞烏回答，他沒有放下手邊的工作。

「你在這裡做什麼？太陽那麼大，手裡還拿支鏟子。」

「我在播種啊。」老人回答。

「你在播什麼種子？」

「棗椰。」耶里亞烏回答，他指著附近的棗椰樹。

「棗椰樹！」這位剛到綠洲的鄰居嘴裡重複著。然後他閉上雙眼，一副恍然大悟的模樣，彷彿聽見世上最可笑的蠢話，「高溫把你腦子燒壞了！親愛的老先生，跟我走吧，別再播種了！我們去店裡喝杯酒。」

「不行，我必須完成播種的工作。工作完成後，如果你還想喝，我們再去喝一杯……」

「朋友，告訴我，你的歲數多大了？」

「不知道哩……六十、七十、八十……不知道，我記不得了。這有什麼關係嗎？」

「你看哪，朋友！棗椰樹至少需要五十年的時間才能長成大樹，而只有成熟的棗椰樹才能開花結果。我不是在詛咒你，你知道，我希望你能繼續活個五十年，但你也要知道，今天播下的這些種子，你恐怕很難活到它們能夠採收的時候。放棄吧！跟我去喝一杯。」

「哈金，你看……今天，我吃下的是前人所種下的棗椰，他們也從來沒夢想過能吃得到自己種出的果實。我今日播種，是為了來日後人能嘗到我親手種植的棗椰……雖然只是獻給陌生人，但還是值得完成這項工作。」

「耶里亞烏，你給我上了寶貴的一課。為了報答今天我學到的這一課，讓我付給你一袋錢吧！」說這話的同時，哈金將一個皮製的錢袋放進老人手中。

「朋友，我很感激你贈送的錢。你看到了，有時就會發生這種事——你原本告訴我無法等到種下的棗椰樹收成，然而我還沒完成播種，就已經得到來自朋友的酬勞與感謝。」

「老先生，你的智慧讓我太驚訝了！這是今天你給我上的第二堂課，或許比第一堂意義更重大！讓我付給你另一袋錢，當作第二堂課的酬謝。」

「還有些時候經常發生這種事……」老人繼續說著，他攤開手掌看著那兩袋錢：「我不求回報來播種，而在我完成工作之前，不只得到一次、而是兩次的回報。」

「老先生，夠了，別再說了。如果你不停的開導我，恐怕連我的家產都不夠拿來付你酬勞呢！」

「戴密安，這樣你了解了嗎？」肥仔問我。

「不只了解，簡直是重大的發現！」我這樣回答。

50 學會面對人生所給予的一切

那天療程結束時，肥仔遞給我一個封好的信封，上面寫著：「給戴密安。」

「這是？」我問他。

「這是給你的，我幾個月前就寫好了要給你。」

「幾個月前？」

「是的。老實說，這是你的療程開始幾週之後寫好的。當時，我正讀到一個名叫李歐・布斯（Leo Booth）的美國人寫的詩。布斯的詩，開頭第一段的文字，你待會兒就會讀到。我在讀那首詩時，你的影子不斷浮現在我腦海，而你前幾次療程中所說的話，也在我耳邊響起……所以我便坐下來寫了這封信。」

「為什麼你這個時候才給我？」

「因為我認為，之前的你不會了解其中的涵義。」

於是，我讀了那封信……

自我拒絕

一開始我就在那裡，
在腎上腺素裡，
沿著你雙親的靜脈流竄。

當他們共度良宵並孕育了你，
然後順著血液流動，
你的母親把我輸入到你的小小心臟裡。
那時你還是個依附母體的寄生物。
我早已與你同在，
在你學會開口講話前，
在你聽懂別人說話的更早之前。
我已經存在，

在眾人嘲弄跟訕笑的目光下，
當你笨拙的嘗試踏出第一步，
當你無依無靠、沒有庇護，
當你感到脆弱且被需要。

我出現在你的生命裡，
藉由不可思議的想法；
伴隨我而來的是——
迷信跟符咒，
偶像跟護身符……
良好行為、習慣和傳統……
你的師長、兄弟姐妹和朋友……

在你知曉前我已經存在，
我把你的世界劃分為光明與黑暗。
一邊是善的世界，而另一面是惡。

我讓你了解到羞恥的感覺，
我讓你看到自己全部的缺點，
醜惡、
愚蠢、
討厭。
我讓你貼上「與眾不同」的標籤，
就在我初次在你耳邊講到
你某件事表現得差勁時……

我已經存在，
遠在意識開始前，
遠在罪惡感出現前，
遠在道德感出現前，
遠在天地初始前，
從亞當對自己的身體感到羞赧，

當他注意到自己赤裸裸的身子……
然後試圖遮掩！

我是不速之客，
是個不受歡迎的訪客，
然而，
我第一個到達，也最後離開。
隨著歲月運轉，我變得更有力量，
也聽著你的父母苦口婆心教誨，
如何在生命裡獲得全勝。

審視著你的宗教戒律，
指引你哪些該做、哪些該放棄，
讓你終能被心中的上帝接納。
忍耐著學校同儕間的殘忍笑話，
以及他們對你的困境幸災樂禍。

忍受著上司們的咆哮辱罵。
凝視著鏡中的自己身材走樣，
然後將自己的模樣跟電視上那些所謂的「名人」外表相比。

而現在，終於——
因為我的力量強大，
只因為身為女人，
身為黑人，
身為猶太人，
身為同性戀，
身為東方人，
身為殘障人士，
外表高、矮小或肥胖……
我可以改變你，
成為一堆垃圾，
成為殘渣，

成為代罪羔羊，
成為宇宙罪人，
成為壞人，
沒有用的混帳。

男男女女一代傳一代，
支持著我，
你無法擺脫我。

我引起的痛苦是如此無法承受，
為了忍受我，
你應該把我傳給你的孩子們，
讓他們能將我傳給他們的下一代，
從這世紀接續到下世紀。

為了幫助你和你的後代，

我的偽裝完美至極，
偽裝成崇高理想，
偽裝成自我批判，
偽裝成愛國主義，
偽裝成道德俠義，
偽裝成善良風俗，
偽裝成自我控制。

我在你身上造成的傷害如此強烈，
你想否認我的存在，
因此，
試著將我藏在你的各種角色背後，
毒品背後，
追逐金錢背後，
恐懼不安背後，
性別不分背後。

但是，不管你做了什麼事，
不管你往哪裡去。
我都將會在那裡，
一直在那裡。
因為我跟你一起行動，
日夜不休，
沒有界線。

我是主要禍因，
導致依賴感，
佔有欲，
勉力而為，
道德淪喪，
暴力相向，
犯罪，
瘋狂。

我教你學會害怕被拒絕，
讓你活在那害怕的陰影下。
你依靠著我——
繼續成為大家追求、廣受歡迎的人，
受人稱讚、溫柔和討人喜歡的人，
正如今日你在大家面前的樣子——
你依靠著我，
因為我是你的木箱，
用來埋藏最不愉快的，
最可笑的，
你想丟棄的遭遇。

幸虧有我，
你學會了面對人生給予的一切，
因為，無論如何，

你所經歷的種種，
總會比你相信的還要有價值。

你猜到了，是吧？
我就是你對自己的那股憎惡感。
我是——你對自己的那股憎惡感。
記住我倆的故事……

一切從灰暗的那天開始，
你放下驕傲的態度說：
「我就是！」
而在羞愧跟恐懼之間，
你低下頭，
改變自己的用詞跟態度，
換成另一種想法：「我應該是……」

「你說得沒錯，」我同意，「以前的我是不會了解的。」

「還有，戴密安，我現在才把它交給你，是因為我不希望你在結束跟這間診所的緣分之後，卻沒有任何收穫。」

「你在趕我走嗎？」我隨口問他。

認識赫黑以來，我第一次看到他說話結巴的樣子。

「我……我想是的……」他喃喃道。

肥仔眨了眨眼睛，露出一個微笑，然後用手觸摸我的臉頰……

「戴密安，我真的很愛你……」

「肥仔，我也愛你……」

不再多說什麼，我站起身來。

我傾身給了赫黑一個吻，還有一個緊緊的擁抱……

然後，我離開那裡，走進街道中……

不知道為什麼，我總感覺我的人生從那天下午才展開……

後記——埋藏在心中的鑽石

好啦……這就是全部了。

在這最後幾個月的時間裡，我試著跟你分享一些故事，那些都是我經常用來告訴身邊所愛的人的故事。

其中有些故事，我自己經常用來照亮我生命旅途中所遇到的黑暗路段。

有些，則用來拉近我與那些我所敬佩的智者之間的距離。

總之，這些我喜愛的故事，對我來說可是一次比一次更受用、更親近。

當然，既然是一本故事書，那就該用一篇故事來結尾。

這個故事叫〈埋藏的鑽石〉。這是根據波蘭作家佩雷茨（I.L.Peretz）的故事改編的。

✦埋藏的鑽石

在一個遙遠國度，住著一位農夫。

農夫擁有一小塊地，用來耕種小麥，另外還有個兼做果園的小花園。農夫的妻子在花園種植、照料蔬菜，藉此貼補家中微薄的收入。

有一天，農夫在田裡工作，他正使勁開墾貧瘠的耕地。在一大片土地的泥塊中，他看見一個閃閃發亮的物體。懷著不敢置信的心情，他走了過去，拾起那個東西，那像是個巨大的玻璃塊。他對陽光照射下所發出的光芒感到吃驚，他了解到那應該是顆珍貴的鑽石，價值不菲。

接下來有好一陣子，他的腦袋充滿了幻想，想著賣掉鑽石之後能做的事。但是很快的，他認為那顆石頭是上天的恩賜，應該好好保存，只有緊急狀況才能拿出來使用。

他不敢將鑽石放在家中，所以趁著夜晚摸黑走進花園，在番茄叢裡挖了一個洞，將鑽石埋在那裡。為了避免忘記埋藏的地點，他在那個地點又壓上了一顆隨手抓到的黃色石頭。

第二天早上，農夫叫來了妻子，讓她看看那塊石頭，並要求她無論如何都不可以將石頭移開。妻子問他，為什麼一定要把那顆怪石頭放在番茄中間？農夫不敢告訴妻子實情，怕她知道會擔憂不已，因此對她說：

「那可是一顆非常特別的石頭！只要這顆石頭擺在番茄之間，就會為我們帶來好運。」妻子沒有再跟丈夫討論那個莫名奇妙的迷信，她忙著整理那些栽種的番茄。

這對夫妻育有二子：一個男孩和一個女孩。

女孩滿十歲時，有一天開口問母親有關花園裡的那顆石頭。

「石頭會帶來好運。」母親這麼回答。小女孩聽了歡欣不已。

有一天早上，小女孩要出門上學。她走近了那叢番茄，摸了摸那顆黃色的石頭（那天，女孩要參加一個難度很高的考試）。

或許純粹出於巧合，或許因為小女孩抱著信心參加考試，總之那次考試的成績非常好，而她也更加肯定了石頭的力量。

那天下午小女孩返回家裡，帶回了一顆黃色小石頭，將它放在原來的那顆石頭旁邊。

「為什麼這麼做？」母親問。

「如果一顆石頭可以帶來好運，那麼兩顆石頭就可以為我們帶來更多的好運啊！」小女孩一副堅信不疑的模樣。

從那天開始，每次小女孩只要找到類似的石頭，就會撿回去，跟之前的石頭擺在一塊。

或許是默契，也或許是為了順女兒的意，不久母親也開始在女兒的小石堆旁堆起了更多的石頭。

另一方面，農夫的兒子也對「石頭傳說」深信不疑。從很小的時候，大家就教他在石堆旁堆積黃色的石頭。

有一天，小男孩帶回了一顆綠色石頭，把它放在之前的黃石堆旁。

「小鬼，為什麼這麼做？」母親責罵。

「我覺得放一點綠色，可以讓石堆看起來更漂亮。」男孩解釋。

「兒子，不能這麼做。把那顆綠色石頭拿開！」

「為什麼不能把綠色石頭跟其他石頭放在一起？」男孩問，他一直是個叛逆的孩子。

「因為……嗯……」母親結結巴巴（她也不知道為什麼只有黃色的石頭可以帶來好運，只記得丈夫說過「那顆石頭放在番茄之間會帶來好運」）。

「媽媽，為什麼？為什麼？」

「因為……只有在旁邊沒有不同顏色的石頭時，這些石頭才能帶來好運。」母親隨口胡謅著。

「不可能吧！」兒子反駁，「為什麼顏色不同就沒辦法帶來好運氣？」

「因為……嗯……嗯……因為帶來好運的石頭會吃醋。」

「吃醋？」男孩重複著母親的話，臉上露出諷刺的笑容，「會吃醋的石頭？太可笑了吧！」

「唉呀，我不知道石頭為什麼『能或不能』……如果你想知道詳細的原因，去問你爸吧！」母親跟他說。接著，她就去忙家務事，離開前，還把男孩擺在那裡的石頭給移開了。

那天男孩等到很晚，直到父親從田裡工作回家。

「爸爸，為什麼黃色石頭會帶來好運？」父親才剛進門，男孩就迫不及待地問，「為什麼不是綠色石頭？為什麼把綠色石頭放在旁邊就會減少好運？為什麼一定要放在番茄之間？」

如果不是父親高舉雙手命令兒子先打住，在得到答案前，男孩的問題一個接一個。

「兒子，明天我們一起去田裡，然後我會告訴你原因。」

「為什麼要等到那時候……」男孩繼續問。

「我說明天就是明天。」父親打斷他的話。

第二天一早天色未亮，當全家人還在甜蜜的夢鄉，父親走近了男孩，溫柔的將他搖醒。他幫兒子穿上衣服，然後帶他去田裡。

「兒子，聽著……我到現在為止還沒跟你說這件事，因為我認為你還沒準備好。但是，今天我覺得你已經長大了，你已經是個年輕人，有資格知道所有的事。如果需要，你應該也能守住這個秘密。」

「爸爸，是什麼樣的秘密？」

「讓我告訴你：那些放在番茄之間的石頭，是為了在花園裡某個地點做記號。在所有石頭底下，埋藏著一顆價值非凡的鑽石，那是我們的傳家之寶，我不想要讓其他人知道，因為那可能會引起騷動。今天我把秘密告訴你了，從今天起，你要對家族的秘密負責……將來你會有自己的孩子，將來他們之間也需要有個人保守這個秘密。等那天來臨，你要把孩子帶離家裡，告訴他珠寶埋在地下的事，就像今天我告訴你一樣。」

父親親吻著兒子的臉頰，繼續說道：

「你要守住秘密，同樣也要知道何時、以及哪個人有資格知道這個秘密。只要時候未到，你就要讓家裡的成員都相信他們在意的是那些黃色、綠色或藍色石頭。」

「爸爸，你可以信任我。」男孩說，他挺直了身子讓自己看起來更成熟。

幾年過去，老農夫去世了，男孩則長成了一個成熟男子。他也有了自己的孩子，而孩子裡只有一個人在適當的時機，知道了那個閃亮的秘密，其他家人都只相信黃色石頭會帶來好運氣。

一年又一年，一代又一代，這個家族的成員在房子後的花園裡堆砌著石頭。那裡堆成一座黃色的石頭山，一座家族引以為傲的山，彷彿那是個巨型護身符。

每一代中，只有一個男子或女子可以成為保管人，可以知道鑽石的真相。至於其他人，則衷心敬愛著那座石頭山……

直到有一天，沒有人知道究竟是哪一天，這個秘密遺失了。或許有個父親突然過世，或許有個孩子不相信被告知的秘密。但可以確定的是，從那時起，有人繼續相信石頭的價值，也有人質疑那個古老的傳統。但是，再也沒有人記起那顆埋藏的鑽石……

你剛讀完的這些故事，
頂多只是一些石頭，
綠色的石頭，
黃色的石頭，
紅色的石頭。

說這些故事的目的只在於，
指出一個地點或一條路徑。
在每篇故事的深處，往內探尋……
每個人都該從故事裡找到——
埋藏其中的鑽石……

參考文獻

◆〈被困住的大象〉：作者原創故事。

◆〈公約數〉：作者原創故事

◆〈胸脯還是奶水〉：摘自俗語的概念，作者版本

◆〈迴力磚〉：作者原創故事

◆〈戒指的價值〉：西班牙猶太家庭故事

◆〈為宿疾所苦的國王〉：取自西藏傳統，莫哈瑪（K.Moghama）的《西藏民間故事與傳說》（*Cuentos y leyendas del Tbet*），出版社：Oriente

◆〈奶油裡的小青蛙〉：阿根廷神父馬梅鐸·梅那帕斯（Mamerto Menapace）的《流傳的故事》（*Cuentos rodados*）。出版社：Patria Grande

◆〈判自己死刑的男子〉：俄羅斯民間故事，作者版本

◆〈妓院看門人〉：布珀（M. Buber）引用的古老《塔木德法典》故事

- 〈鞋子小兩號症候群〉：作者原創故事
- 〈七號木工行〉：改編自阿根廷神父馬梅鐸．梅那帕斯的故事《井欄跟鍛爐間》（*Entre el brocal y la fragua*）。出版社：Patria Grande
- 〈陽光下的美麗金山〉：作者原創故事
- 〈不願給票的歌唱大賽〉：取自A. Yunque的《動物在說話》（*Los animales hablan*），出版社：Pedaggicas
- 〈心理治療三類型〉：作者原創故事
- 〈埋藏的寶藏，非在他處〉：布珀的《樂克特》（*Leket*），塔木德歷史故事，出版社：Hemed
- 〈每個人的想法都一樣〉：改編自Don Juan Manual Conde Lucanor的故事，出版社：Hispanoamrica
- 〈長柄湯匙之國〉：取自A. Beauregard的《動機膠囊》（*Cpsulas motivacionales*），出版社：Diana
- 〈聾妻〉：（J. Marrone）的大眾幽默故事，作者版本
- 〈別混在一塊兒！〉：I. Shah的《愚人智慧》（*La sabidura de los idiotas*）中一則印度故事
- 〈用來飛翔的翅膀〉：赫黑．布卡依的《思考故事集》，出版社：Aqu y ahora，1798年出版
- 〈你是誰？〉：靈感來自於改編帕皮尼（G. Panini）的《每日悲劇》（*Lo trgico cotidiano*），出版社：Hispanoamerica

◆〈渡河〉：蘇密許（S. Sumish）的禪念故事《以心傳心》（*El Koran*），出版社：Visin

◆〈給印度大君的禮物〉：取自I. Shah的《一隻鳥該有的樣子》（*Lo que un pajaro deberia parecer*），出版社：Octogono

◆〈尋找佛陀〉：阿根廷神父馬梅鐸．梅那帕斯的作品，《流傳的故事》（*Cuentos rodados*）中一則故事。出版社：Patria Grande

◆〈頑固的樵夫〉：包瑞加（Abelardo Cruz Beauregard）的《動機膠囊》（*Cpsulas motivacionales*），出版社：Diana

◆〈母雞與小鴨〉：R. Trossero的《行者智慧》（*La sabidura del caminante*），出版社：Bonum

◆〈可憐的綿羊〉：阿根廷民間故事，作者版本

◆〈懷孕的鍋子〉：A. H. Halka的《那斯魯丁》（*Nasrudn*）免費版故事

◆〈愛情的眼光〉：靈感來自一則法國通俗故事，作者版本

◆〈歐姆布樹的新芽〉：根據R. Trossero的《行者智慧》（*La sabidura del caminante*），出版社：Bonum

◆〈迷宮〉：赫黑．布卡伊的《思考故事集》，出版社：Aqu y ahora，1798年出版

◆〈九十九號俱樂部〉：衍生自奧修（Osho）的《三個寶藏》（*tres tesoros*）中的概念。出版社：Kier

◆〈半人馬怪〉：由阿根廷女作家的兒童故事改編，作者版本

◆〈誰比較需要金幣？〉：摘自《神話與傳說》（*Mitos y Leyendas*）裡的兩則希臘傳統故事。

出版社：Helnica

◆〈又是金幣〉：摘自《李歐的猶太法寶》（*Leo Rothen's Jewish Treasury*）裡一則猶太人故事，出版社：Bantam Books

◆〈靜止在七點的鐘〉：根據帕皮尼的《盲眼飛行員》（*El piloto ciego*），出版社：Hisponoamerica

◆〈扁豆〉：摘自靈修大師戴邁樂（A. De Mello）的《鳥鳴》（*El canto del pjaro*）裡的故事，出版社：Lumen

◆〈渴望受人膜拜的國王〉：Y. Selman的《難以置信的果安》（*El increble Goha*）伊斯蘭蘇菲教派（Suf）故事，作者版本

◆〈十誡〉：F. Jalics引用的天主教故事，作者版本

◆〈道場裡的貓〉：摘自奧修的《聖火》（*El fuego sagrado*），出版社：Humanitas

◆〈測謊器〉：赫黑．布卡依的《思考故事集》（*Cuentos para pensar*），出版社：Aqu y ahora，1798年出版

◆〈我是彼得〉：摘自戴邁樂的故事

◆〈奴隸的美夢〉：L. Klicksberg引用蘇格拉底派的故事

◆〈盲人的妻子〉：塞內加爾民間故事，作者版本

◆〈處決〉：I. Shah的《東方思想家》（*Pensadores de Oriente*）中的伊斯蘭蘇菲教派寓言，出版社 Kier

◆〈公正的法官〉：摘自羅伯斯（Moss Roberts）的《中國奇幻故事》（*Cuentos fantsticos de China*）。出版社：Crtica
◆〈真相店鋪〉：摘自戴邁樂的《鳥鳴》（*El canto del pajaro*）裡的故事，出版社：Lumen
◆〈椰棗農〉：摘自《李歐的猶太法寶》（*Leo Rothen's Jewish Treasury*）裡的西班牙猶太故事，出版社：Bantam Books
◆〈自我拒絕〉：靈感來自於布萊德夏（J. Bradshaw）引用李奧．布斯（Leo Booth）的一首詩
◆〈埋藏的鑽石〉：猶太教士 M. Edersy引用的《塔木德法典》故事。其他參考文獻資料：
◆AL-QALYOUBI, Ahmad的《精采與平庸》（*Lo fantastico y lo cotidiano*），出版社：Visin Libros
◆BETTELHEIM, Bruno的《仙女故事之心理分析》（*Picoanlisis de los cuentos de hadas*），出版社：Crtica
◆Cattan, Henry的《喜樂花園》（*The Garden of Joys*），出版社：Namara Publications
◆Fernandez, Mario R.的《美國故事集》（*Cuentos americanos*），出版社：Universitaria
◆Gardener, Martin，《謬論》（*Paradojas*）
◆Gibran, Khalil《預言師》（*El profeta*），出版社：Galerna
◆Gougaud, Henri，《陽光樹》（*El arbol de los soles*），出版社：Crtica
◆Haley, Jay，《創新治療》（*Terapia no convencional*），出版社：Amorrortu
◆KHAYYAM, Omar，《魯拜集》（*Rubaiyat*），出版社：Andrmeda

◆ LA FONTAINE，《寓言集》（*Fbulas*），出版社：Iridium

◆ PINO SAAVAEDRA, Yolanda，《智利印度安原住民故事集》（*Cuentos mapuches de Chile*），出版社：Universitaria

◆ Reinhard y Taush, A.M.，《談話心理治療》（*Psicoterapia por la conversacin*），出版社：Herder

◆ WATZIAWICK, Paul，《改變的語言》（*El lenguaje del cambio*），出版社：Herder。

對本書其他內容有興趣的讀者，可以在作者的官方網站找到赫黑．布卡依的課程與談話：www.bucay.com

赫黑醫生的50個故事處方
Déjame que te cuente

作　　者　赫黑·布卡依（Jorge Bucay）
譯　　者　葉淑吟
封面設計　滿腦袋
內頁排版　高巧怡
行銷企劃　蕭浩仰、江紫涓
行銷統籌　駱漢琦
業務發行　邱紹溢
營運顧問　郭其彬
責任編輯　李嘉琪
總 編 輯　李亞南
出　　版　漫遊者文化事業股份有限公司
地　　址　台北市松山區復興北路331號4樓
電　　話　(02) 2715-2022
傳　　真　(02) 2715-2021
服務信箱　service@azothbooks.com
網路書店　www.azothbooks.com
臉　　書　www.facebook.com/azothbooks.read
營運統籌　大雁文化事業股份有限公司
地　　址　台北市松山區復興北路333號11樓之4
劃撥帳號　50022001
戶　　名　漫遊者文化事業股份有限公司
初版一刷　2023年3月
初版三刷(2)　2023年7月
定　　價　台幣450元

ISBN　978-986-489-755-1

國家圖書館出版品預行編目 (CIP) 資料

赫黑醫生的50個故事處方/ 赫黑· 布卡依(Jorge Bucay) 著 ; 葉淑吟譯. -- 初版. -- 臺北市 : 漫遊者文化事業股份有限公司出版 : 大雁文化事業股份有限公司發行, 2023.03
　面； 公分
譯自 : Déjame que te cuente
ISBN 978-986-489-755-1(平裝)
1.CST: 心理治療
178.8　　112000178